# Ein Fellbündel zum Liebhaben

*Meerschweinchen sind possierlich und zutraulich, haben ein weiches Fell, lassen sich gerne streicheln und knuddeln, kratzen und beißen nicht und fressen am liebsten aus der Hand. Kein Wunder, daß sie ihren Weg von Südamerika nach Europa als Spielgefährten für die Kinder holländischer Kaufleute fanden. Nach wie vor stehen diese gutmütigen Streicheltiere hoch in der Gunst der Heimtierhalter, nicht zuletzt, weil sie in Haltung, Unterbringung, Ernährung und Zucht völlig unkompliziert sind.*

*Erwachsene Shelties haben ein langes, seidiges Fell. Jung sind sie noch kurzhaarig.*

Katrin Behrend

# Das Meerschweinchen

Artgerecht halten

Gesund ernähren

Richtig verstehen

Fotos: Karin Skogstad

Zeichnungen: Renate Holzner

# INHALT

## 1 Sich vor der Anschaffung informieren



## 2 Richtig halten und pflegen

## 3 Verstehen lernen und beschäftigen



## A Allgemein Wichtiges

**Kinder-Extra**

# Sich vor der

# Anschaffung informieren

Das Meerschweinchen stammt aus Südamerika. Spanische Eroberer und holländische Kaufleute brachten es über das Meer zu uns, und weil es quiekt wie ein Ferkelchen, hatte es seinen Namen weg.

Im Gesellschaft fühlen sich Meerschweinchen am wohlsten.

# Die Heimat des Meerschweinchens

Vor rund 10000 Jahren begann die Freundschaft zwischen Meerschweinchen und Mensch. Und immer noch stehen diese gutmütigen Streicheltiere hoch in der Gunst der Heimtierhalter.

## Das Haustier der Inkas

Mittel- und Südamerika ist die ursprüngliche Heimat unserer Meerschweinchen. Dort sind ihre Urahnen, die Wildmeerschweinchen, über den ganzen Kontinent verbreitet. Daß sich diese zur riesigen Familie der Nager gehörenden Tiere vor 35 bis 40 Jahrmillionen auf unserer Erde etablierten, läßt sich zweifelsfrei nachweisen. Doch der Übergang vom Wild- zum Hausmeerschweinchen fand erst zwischen 9000 und 3000 v. Chr. statt, wie man aufgrund von Ausgrabungen feststellen konnte. Das hört sich nach einer sehr langen Zeit an, aber ein so scheues Tier wie das Wildmeerschweinchen wird nicht von heute auf morgen zum Haustier (→ Überlebensstrategie, Seite 93).

**Die große Mara sieht zwar ganz anders aus, gehört aber zur Verwandtschaft des Hausmeerschweinchens.**

**Zur engeren Familie gehört auch das Wieselmeerschweinchen (*Galea musteloides*), das in Argentinien beheimatet ist.**

In erster Linie waren es wohl Speisereste, die in Peru vor mehr als 10000 Jahren – also noch vor der Inka-Zeit – die Wildtiere zu den Menschen lockten. Vermutlich wurden sie erstmal geduldet, da sie ja auch keinen Schaden anrichteten. Nach und nach gingen dann die Menschen dazu über, Meerschweinchen zu züchten und zu nutzen. Bei den Quetschua, dem Volk der Inkas, galten sie nicht nur als Abwechslung auf dem Speisezettel, sondern auch als Opfertiere. Vor allem braun- und weißgescheckte Tiere wurden dem Sonnengott geopfert oder Verstorbenen mit ins Grab gegeben.

## Über das »indische Schweinchen«

Zahme Meerschweinchen blieben aber nicht nur eine Spezialität der Inkas. Auch in den Berichten der spanischen Eroberer ist die Rede von kleinen, quiekenden Tieren, die sie neben Gold, Silber und Edelsteinen wohl um 1540 mit nach Spanien brachten. Der Schweizer Zoologe Konrad Gesner schrieb jedenfalls bereits 1554 »Über das indische Kaninchen oder Schweinchen«. Damals ging man ja davon aus, daß Kolumbus Indien entdeckt hatte, und so war alles, was von dort kam, indisch.

Ob Nachkommen dieser ersten »Einwanderer« überlebt haben, ist ungewiß. Überliefert ist hingegen, daß Meerschweinchen um 1670 aus dem damaligen Niederländisch-Guayana von holländischen Kaufleuten für ihre Kinder in die Niederlande gebracht wurden. Die Tiere lebten sich in der neuen Umgebung ebenso schnell ein, wie sie sich vermehrten.

Bald ging man dazu über, sie zu züchten, da man mit ihnen viel Geld erzielen konnte. Bereits um 1680 verkaufte man sie nach Frankreich und

England. Doch da es mit dem raschen und problemlosen Nachwuchs auch anderswo klappte, wurde der Handel mit Meerschweinchen bald uninteressant.
Im gleichen Maß wie ihre Verbreitung, die sich ihren Weg von Holland über England nach Deutschland und seine Nachbarländer bahnte, wuchs auch die Beliebtheit der kleinen Quieker. Dies nicht zuletzt, weil sie in Haltung, Unterbringung, Ernährung und Zucht völlig unkompliziert waren, und es bis heute geblieben sind.

## Ein Tier und viele Namen

Die Herkunftsgeschichte des Meerschweinchens hat übrigens auch mit den Namen zu tun, die man diesem kleinen Tier in den verschiedenen Ländern gab. Heute wird mehr und mehr die Bezeichnung Cavia benutzt, die dem wissenschaftlichen Namen für das Hausmeerschweinchen *Cavia aperea porcellus* entlehnt ist (→ Zoologische Zuordnung, Seite 12). Die folgenden Erklärungen fassen einige Deutungen, die sich im Laufe der Zeit angesammelt haben, zusammen.

**Capybara ist der Indioname des Wasserschweins, was soviel wie »Herr des Grases« heißt.**

## Steckbrief: Hausmeerschweinchen

| | |
|---|---|
| **Ordnung** | Nagetiere (*Rodentia*) |
| **Unterordnung** | Meerschweinchenverwandte (*Caviomorpha*) |
| **Familie** | Meerschweinchen (*Caviidae*) |
| **Unterfamilie** | Eigentliche Meerschweinchen (*Caviinae*) |
| **Gattung** | *Cavia* |
| **Art** | *Cavia aperea* |
| **Größe** | 22 bis 35 cm |
| **Gewicht** | Männliche Tiere bis 1800 g, weibliche Tiere bis 1100 g |
| **Tragzeit** | etwa 68 Tage |
| **Jungtiere** | 1 bis mehr als 7 |
| **Geburtsgewicht** | 40 bis 100 g |
| **Merkmale** | Verschiedene Farben und Muster, Haarlängen und -strukturen |
| **Nahrung** | Gras, Heu, Laub, Rinde, Früchte, Wurzeln, Blüten, Samen |
| **Lebensweise** | Rudeltier |
| **Lebenserwartung** | 5 bis 10 Jahre |
| **Verbreitung** | Süd- und Mittelamerika |
| **Domestikation** | Zwischen 9000 und 3000 v. Chr. |

Im deutschsprachigen Raum bezeichnet der Name Meerschweinchen ein kleines Tier, das in der Tat rundlich ist wie ein kleines Schwein und das auch wie ein solches quiekt und sich bewegt. Mit »Meer« ist vielleicht die Herkunft von jenseits des großen Teichs gemeint.

In Holland nannte man es erst Meerzwijn, dann Guinees biggetje, das Ferkelchen, das für eine Guinee, eine alte englische Goldmünze, teuer verkauft wurde. Heute ist Cavia die geläufige Bezeichnung.

Im Englischen sind im Namen guinea pig ebenfalls das Schweinchen und die Goldmünze enthalten. Daß guinea pig im englischen Sprachgebrauch soviel wie »Versuchskaninchen« heißt, ist die traurige Kehrseite der Goldmünze.

Bei den Franzosen heißt das Meerschweinchen cochon d'Inde, Schwein aus Indien.

Bei den Spaniern nennt man es conejillo de Indias, kleines Kaninchen aus Indien, was der zoologischen Zuordnung zu den Nagetieren noch am nächsten kommt. Doch in beiden Namen steckt noch der irrige Glaube, damals den Westen Indiens entdeckt zu haben.

## Zoologische Zuordnung

Das Meerschweinchen gehört zu den Nagetieren. Sie alle haben ein Gebiß mit wurzellosen, ständig nachwachsenden Schneide- oder Nagezähnen und eine große Lücke (Diastema) zwischen den Backen- oder Mahlzähnen. Forscher diskutieren jedoch darüber, ob man Meerschweinchen künftig nicht in einer neuen Ordnung zusammenfassen sollte.

Uns interessieren hier die Wildmeerschweinchen der Gattung *Cavia*. Die am weitesten verbreitete Art ist *Cavia aperea*, die sich sowohl im Flachland als auch im Gebirge findet. Eine Unterart ist das in Mittelchile lebende Tschudi-Meerschweinchen (*Cavia aperea tschudii*), die Stammform unseres Hausmeerschweinchens, so benannt nach dem Südamerikaforscher J.J. von Tschudi.

Das Tschudi-Meerschweinchen kommt in Höhen bis zu 4200 m vor. Es zeichnet sich durch einen schlanken Körperbau und Gewandtheit im Klettern und Springen aus und lebt in kleinen Gruppen von fünf bis zehn Tieren in Erdbauten, die sie entweder selbst graben oder von anderen Tieren übernehmen. Nachts verlassen sie ihre Schlupfwinkel und laufen im dichten Gras auf festgetretenen Pfaden zu ihren Futterplätzen. Sie ernähren sich von Pflanzen.

## Die wilden Verwandten

Alle Verwandten unseres Hausmeerschweinchens aufzuführen ist in diesem Buch nicht möglich. Einige möchte ich jedoch vorstellen, vor allem, weil sie von Aussehen und Verhalten her so gar nicht dazupassen wollen.

Moko: Er wird auch Felsen-Moko genannt, bewohnt trockene, steinige Berglandschaften und hält sich unter Felsblöcken oder in Gesteinsspalten versteckt. Mokos können mit traumwandlerischer Sicherheit von

## TIP

**Meerschweinchen leben in der freien Natur in kleinen Gruppen. Einzelhaltung bedeutet deshalb für diese geselligen Tiere seelischen Streß. Zwei Weibchen vertragen sich auf jeden Fall bestens, aber auch zwei Männchen lassen sich zusammen im Käfig halten. Voraussetzung ist, daß sie sich von klein auf gut kennen.**

**Meerschweinchen haben die für alle Nagetiere typische »Hasenscharte«.**

**Nur halb so groß wie unser zahmer Quieker ist das Südliche Zwergmeerschweinchen (*Microcavia australis*).**

Fels zu Fels springen und auf Bäume klettern, um Blätter zu fressen. Der Berliner Zoodirektor Ludwig Heck schreibt in Brehms Tierleben, wie die nur rattengroßen Racker glattgebügelte Zement- und Rohglaswände, die 1,20 m hoch sind, mittels mehrerer aufeinanderfolgender Quersprünge mit Leichtigkeit überwinden. Zudem sollen die Mokos leicht zu haltende, liebenswürdige Hausgenossen sein.

Große Mara: Auf den ersten Blick ähnelt sie mehr einem Hasen, weswegen sie früher auch Pampashase genannt wurde. Sie wird bis zu 75 cm groß und 9 bis 16 kg schwer. Ihr Lebensraum sind trockene Gras- und Buschlandschaften, in denen sie sich tiefe und weite Erdhöhlen gräbt. Sie kann schnell laufen, bis zu 2 m weit springen und ernährt sich ausschließlich von Pflanzen.

Wasserschwein: Als der größte Nager kann es bis zu 1,30 m lang und 50 kg schwer werden. Mit unserem Rüsseltier hat es nichts zu tun, Wasser hingegen ist sein Element. Es ist ein ausgezeichneter Schwimmer und Taucher und hält sich gern stundenlang im Wasser auf, wobei wie bei den Flußpferden oft nur die Köpfe an der Oberfläche zu sehen sind.

Baumstachler: Die recht urtümlich wirkenden Baumbewohner sind überwiegend in Mittel- und Südamerika beheimatet. Ihre Körper- und Schwanzhaare sind zum Teil in Stacheln, oft mit Widerhaken, umgewandelt und damit eine wirksame Waffe gegen Feinde. Manche Arten haben einen Greifschwanz, mit dem sie sich an Ästen festhalten.

# Überlegungen vor dem Kauf

Meerschweinchen können sich leider nicht aussuchen, in welche Hände sie kommen. Sie sind ihr Tierleben lang auf die Zuneigung des Menschen angewiesen.

## Entscheidungshilfen

Wer noch nie ein Tier gehalten hat, weiß vielleicht gar nicht, was auf ihn zukommt. Prüfen Sie also vorher, ob alle Voraussetzungen für eine gute und artgerechte Meerschweinchenpflege vorhanden sind.

1 Meerschweinchen können sechs bis acht Jahre alt werden. So lange müssen Sie Ihr Tier zuverlässig pflegen.

2 Damit sich das Meerschweinchen wohl fühlt, sollte sein Käfig so groß wie möglich sein. Das ist allerdings nicht gerade billig.

3 Der Käfig muß immer sauber, das Futter immer frisch sein. Dafür müssen Sie Zeit und Arbeit aufwenden.

4 Meerschweinchen brauchen Ansprache und Beschäftigung, damit sie nicht dahinvegetieren.

5 Beim Auslauf in der Wohnung kann das Tier Möbel und Tapeten annagen, Haare, Pfützchen oder Kotkügelchen hinterlassen. Bringen Sie Toleranz dafür auf?

6 Wenn Sie das Meerschweinchen Ihrem Kind schenken, sollten Sie sich mitverantwortlich fühlen.

7 Wer versorgt das Tier während Ihres Urlaubs oder eines Krankenhausaufenthalts?

8 Ein krankes Meerschweinchen muß vom Tierarzt behandelt werden, was vielleicht teuer werden kann.

9 Haben Sie schon Heimtiere, die sich mit einem Meerschweinchen womöglich nicht vertragen?

10 Bitte klären Sie vor der Anschaffung, ob Sie oder ein Mitglied Ihrer Familie auf Tierhaare allergisch reagiert (→ Seite 70).

## Sind zwei Meerschweinchen glücklicher?

Wie schon gesagt, ist es nicht artgerecht, ein Meerschweinchen einzeln im Käfig zu halten. Nur wenn Sie sich intensiv um das Tier kümmern können und nicht den ganzen Tag wegen Berufstätigkeit außer Haus sind, fühlt es sich auch allein wohl.

■ Ein einzelnes Tier ist für ein Kind, das sich einen Spielkameraden wünscht, geeigneter. Es wird schneller zahm, und das Vertrauen, das sich

**Lieb und vorwitzig sieht unser Meerschweinchen aus. Kein Wunder, daß man daran sein Herz verliert.**

zwischen ihm und dem Kind als Partner aufbaut, ist dauerhaft (→ Meerschweinchen und Kinder, Seite 20). Allerdings darf das Kind nicht zu schnell die Lust an seinem neuen Spielgefährten verlieren. Wenn sich jedoch herausstellt, daß wegen Hausaufgaben oder wachsender anderer Beschäftigungen zu wenig Zeit für das Tier übrigbleibt, gibt es noch immer die Möglichkeit, ein zweites Meerschweinchen dazuzukaufen.

■ Bei einem Pärchen kann man vier- bis fünfmal im Jahr mit Nachwuchs rechnen. Junge Meerschweinchen sind zwar reizend, aber Sie müssen sie unbedingt vor der Geschlechtsreife loswerden, sonst kommt es zur uferlosen Vermehrung (→ Seite 87). Sinn hat das nur, wenn Sie züchten wollen. Oder Sie lassen das Männchen kastrieren.

■ Zwei Weibchen vertragen sich auf jeden Fall sehr gut. Wenn Sie schon eines haben, sollten Sie ein zweites dazukaufen.

■ Auch zwei Männchen lassen sich zusammen im Käfig halten. Voraussetzung ist, daß sie Geschwister sind beziehungsweise zusammengesetzt wurden, als sie noch jung waren. Wenn sie während oder nach der Geschlechtsreife keinen Kontakt zu Weibchen hatten, verstehen sie sich im Erwachsenenalter ebenfalls gut. Dies gilt auch, wenn Sie ein junges Männchen einem alten zugesellen wollen. Die beiden vertragen sich solange, bis einer von ihnen, wenn auch nur für kurze Zeit, bei einem Weibchen war. Danach werden sie sich höchstwahrscheinlich in die Haare geraten (→ Seite 91). Zwei alte Männchen werden sich immer bekämpfen. Da nützt auch die Kastration nichts.

**Von allen Meerschweinchen ist nur das Wildmeerschweinchen (*Cavia aperea tschudii*) zum Haustier geworden.**

**Foto rechts: Schon die Inkas züchteten braun- und weißgescheckte Meerschweinchen und opferten sie dem Sonnengott.**

## Unterschied zwischen Wild- und Hausmeerschweinchen

| | Wildmeerschweinchen | Hausmeerschweinchen |
|---|---|---|
| **Körperbau** | schmal, mit längeren Hinterbeinen | rundlich, insgesamt plumper, dickere Beine und Füße |
| **Kopf** | spitznasig | plumper, mit größeren Ohren |
| **Fell** | kurzhaarig, rauh, dunkelgraubraun bis schwarz (wildfarben) | kurz- oder langhaarig, glatt oder mit Wirbeln, viele Farben |
| **Augenfarbe** | dunkel | dunkel oder rot |
| **Innere Organe** | kleiner Magen, kurzer Dünndarm, langer Blind- und Dickdarm | großer Magen, langer Dünndarm, kurzer Blind- und Dickdarm |
| **Kot** | reichlich | wenig |
| **Tragzeit** | 60 Tage | 68 Tage |
| **Geburtsgewicht** | 40 – 50 g | 85 – 90 g |
| **Besonderheit** | können Sprünge bis zu 3/4 m machen | |

## Männchen oder Weibchen?

Ein Männchen oder Bock ist im allgemeinen größer und schwerer als ein Weibchen, auch lebhafter. Manchmal muß man etwas mehr Geduld haben, um sein Vertrauen zu gewinnen. Nach Erreichen der Geschlechtsreife muß es getrennt vom Weibchen gehalten werden, sonst gibt es ständig Nachwuchs (→ Werbung und Paarung, Seite 82).

Ein Weibchen bleibt kleiner als das Männchen. Ob es tatsächlich anhänglicher ist, wie allgemein gesagt wird, läßt sich mit Bestimmtheit nicht sagen. Es kommt eben auf das Tier an und wie eng sich der Bezug zum Menschen von Anfang an gestaltete. Allerdings spielt immer wieder die Tatsache eine Rolle, daß Sie sich beim Kauf eines Weibchens ein trächtiges Tier einhandeln können.

Obst ist gesund und schmeckt auch zu zweit sehr gut, denn Meerschweinchen streiten sich selten um Futter.

## Einige Bemerkungen zur Kastration

Kastration wird bei Meerschweinchen nur dann empfohlen, wenn Sie ein Pärchen halten, aber nicht dauernd Nachwuchs haben wollen.

- Ein Weibchen zu kastrieren ist schwierig und risikoreich. In der Regel wird der Tierarzt davon abraten.
- Ein gesundes Männchen wird die Operation meist gut überstehen. Sein Werben um das Weibchen behält es bei; der einzige Unterschied ist die Zeugungsunfähigkeit. Deswegen bleibt auch die Rivalität mit anderen Männchen. Manchmal wird der Bock faul und dick. Eine Kastration, nur um eventuellen Geruch zu unterbinden, sollten Sie nicht vornehmen lassen.

**Hinweis:** Ein Bock kann nach der Operation noch bis zu 6 Wochen deckfähig sein.

Weibliche Meerschweinchen vertragen sich übrigens recht gut mit kastrierten Böcken, da diese ja ihr Werbeverhalten nicht ablegen. Es kann aber vorkommen, daß ein Weibchen den Bock dominiert und ihm das Futter wegnimmt.

**TIP**

**Es ist nicht ganz einfach, das Geschlecht eines jungen Meerschweinchens zu bestimmen. Drücken Sie dem Tier in der Nähe der Analregion mit dem Zeigefinger – vorsichtig – auf den Bauch. Tritt der Penis hervor, ist es ein Männchen. Beim Weibchen ist das Geschlechtsorgan ein länglicher Spalt in Y-Form, der sich bis zur Afteröffnung hinzieht.**

## Gemeinschaft mit anderen Heimtieren

Mit manchen Tieren können innige Freundschaften entstehen, bei anderen ist Vorsicht geboten, oder es führt überhaupt kein Weg zueinander.

Zwergkaninchen: Im allgemeinen vertragen sich Meerschweinchen gut mit ihnen. Das Kaninchen beschützt seinen kleinen Freund, kuschelt mit ihm und schleckt ihn ab. Es kommt aber auch immer wieder vor, daß das Kaninchen seinen Käfiggenossen beißt.

Hund: Wenn Sie bereits einen Hund haben, müssen Sie ihn an den neuen Hausgenossen gewöhnen. Wenn beide noch jung sind, ist das meist zu schaffen. Ist Ihr Hund aber schon eine Weile bei Ihnen, dürfen Sie ihm keinen Grund zur Eifersucht geben. Hütehunde sollen sich übrigens besonders gut mit den Meerschweinchen vertragen.

Katze: Je nach Größe betrachtet sie das Meerschweinchen erstmal als Beutetier, tatzelt nach ihm und kann es böse verletzen. Wachsen die beiden zusammen auf, vertragen sie sich meist gut. Meerschweinchen, die auf dem Balkon oder im Freien gehalten werden, müssen vor Katzen immer geschützt sein.

Goldhamster: Die einen sagen, eine gemeinsame Käfighaltung sei unmöglich, da Meerschweinchen sich gegen die Angriffslust der Hamster nicht zur Wehr setzen können. Andererseits weiß man auch von etlichen Freundschaften zu berichten.

Mäuse und Ratten: Eine gemeinsame Käfighaltung ist möglich. Bei Mäusen darf der Käfig oben nicht offen sein, weil sie hinausklettern können. Auch Ratten sind entgegen der landläufigen Meinung um-

Hund und Meerschweinchen können manchmal gute Freunde werden.

gängliche Partner. Hingegen vertragen sich manche Meerschweinchen nicht mit Ratten und verjagen sie .
Vögel: Vorwitzige Vögel stibitzen dem Meerschweinchen das Futter weg. Wellensittiche knabbern gerne an den Meerschweinchenohren. Papageien sowie größere Sittiche sind sehr schnell eifersüchtig und hacken nach dem Tierchen.

## Meerschweinchen und Kinder

Für Kinder sind Meerschweinchen ideal, denn sie bieten all das, was diese sich bei Tieren wünschen. Sie sind gesellig, mögen gern gestreichelt werden und zeigen sich um so lebhafter, je mehr Ansprache sie haben. Zudem lernen Kinder so ganz nebenbei, vernünftig und natürlich mit dem Tier umzugehen.
Dennoch sollten Sie als Eltern sich mitverantwortlich fühlen. Werfen Sie hin und wieder einen Blick in den Käfig, um sicher zu gehen, daß Ihr Meerschweinchen noch munter umherwuselt und regelmäßig frißt. Ein verändertes Verhalten weist nämlich meistens auf eine Gesundheitsstörung hin, die Kinder vielleicht nicht gleich erkennen können.

**Hinweis:** Schon manches Meerschweinchen ist von Kinderhänden aus lauter Liebe totgedrückt worden. Es wehrt sich nämlich nicht, kratzt und beißt nicht, zappelt nicht so heftig wie ein Kaninchen und kann nicht so gewandt hinunterspringen wie eine Katze. Machen Sie das Ihrem Kind rechtzeitig klar, um ihm die Erfahrung zu ersparen, daß das Tier womöglich durch seine Schuld gestorben ist.

## Versorgung im Urlaub

Zu den Überlegungen vor dem Kauf gehört auch die Versorgung während des Urlaubs, eines Krankenhausaufenthaltes oder sonstiger eventuell unvorhergesehener Abwesenheiten.
Zu Hause lassen: Mit ausreichend Wasser, Trockenfutter und Heu kann Ihr Meerschweinchen ohne weiteres ein bis zwei Tage allein im Käfig bleiben. Bei längerer Abwesenheit brauchen Sie eine zuverlässige Person, die ein- bis zweimal täglich in die Wohnung kommt, dem Meerschweinchen zu fressen gibt, den Käfig säubert und auch Zeit zum Schmusen und Spielen hat. Auf alle Fälle Pflegeanleitung sowie Adresse

**Meerschweinchen vertragen sich im allgemeinen sehr gut miteinander und haben sich immer viel zu »sagen«.**

des Tierarztes hinterlassen. Zunehmend gibt es auch Leute, die ihre Dienste gegen Entgelt in den Kleinanzeigen der Zeitungen anbieten.

Mitnehmen: Wenn Sie Ihr Meerschweinchen mitnehmen wollen, muß es während der Reise entsprechend »verfrachtet« sein. Dauert diese nur kurz, genügt ein fester Karton mit Luftlöchern. Besser und für weite Strecken unabdingbar ist ein Reisekäfig aus Kunststoff mit einer luftdurchlässigen Abdeckung und praktischen Tragegriffen. Fragen Sie vorher im Hotel oder in der Pension an, ob Ihr Hausgenosse auch erwünscht ist. Bei Auslandsreisen sollten Sie sich – rechtzeitig – beim Konsulat oder Veterinäramt erkundigen, welche Formalitäten für den Grenzübertritt notwendig sind.

**Hinweis:** Meerschweinchen können auf einen plötzlichen Klimawechsel empfindlich reagieren. Überlegen Sie also vorher, ob Sie dem Tier diesen Streß zumuten wollen.

In Pflege geben: Hierfür bieten sich Nachbarn, Verwandte, Freunde oder auch die nächste Zoofachhandlung an. Kinder sind oft ganz begeistert, für ein paar Wochen die Pflege eines Tiers zu übernehmen. Finden lassen sich solch nützliche Adressen über Anschläge in der nächsten Zoofachhandlung. Manchmal hängen aber auch Zettel in der Umgebung oder an den Schwarzen Brettern, die mittlerweile viele Supermärkte ihren Kunden zur Verfügung stellen.

## Mit Meerschweinchen auf Reisen

Eine Reise, ob mit dem Zug oder dem Auto, kann ein Meerschweinchen unbeschadet überstehen, wenn Sie folgendes beachten:

## Wird ein Meerschweinchen zahm?

Endlich ist dein kleiner Freund da, und nun versteckt er sich in seinem Schlafhäuschen. Wo du ihn doch so gern auf den Arm nehmen und mit Leckerbissen füttern wolltest. Doch das klappt nicht sofort. Zuerst muß das Tier Zutrauen zu dir gewinnen. Das ist im Grunde nicht schwierig. Meerschweinchen sind nämlich sehr gesellige Tiere. In der Natur leben sie in kleinen Gruppen zusammen, suchen gemeinsam nach Futter und haben sich immer viel zu sagen. Als Heimtier hat das Meerschweinchen dieses Verhalten nicht verloren. Sobald es sich an deine Stimme und deinen Geruch gewöhnt hat, wird es seine Scheu ablegen, sich von dir streicheln lassen und dir aus der Hand fressen.

**Kinder tragen ihr Meerschweinchen sicherer, wenn sie es mit beiden Händen gegen die Brust halten.**

Ausstattung

■ Ein Karton muß mit einer dicken Zellstoffschicht ausgelegt und mit Einstreu abgedeckt werden, damit kein Urin durchdringen kann. Der riecht unangenehm und hinterläßt Flecken. Wenn Sie einen Reisekäfig nehmen, gehört natürlich auch dort Streu hinein.

■ Als Proviant genügen Heu und Wasser im Trinkbehälter. Bei längerer Reise Frischfutter wie Obst oder Salat in Reserve haben.

Unterbringung

■ Im Auto darf das Tier unter keinen Umständen im geschlossenen Kofferraum transportiert werden. In der Enge entsteht ein Hitzestau, unter dem das Meerschweinchen unnötig leiden müßte, den es sogar unter Umständen nicht überlebt. In den offenen Kofferraum eines Kombi oder auf die Rückbank können Sie den Karton oder Reisekäfig natürlich stellen. Legen Sie ein Tuch oder eine Decke locker darüber, um so das Meerschweinchen vor Zugluft und Sonne zu schützen.

Stellen Sie bei Pausen das Auto ganz in den Schatten (Achtung, Sonne wandert!), und bleiben Sie nicht zu lange fort. Bei längerem Parken entsteht stickige Luft, die dem Tier ebenfalls ziemlich zusetzen kann.

■ Im Zug sollten Sie Ihr Meerschweinchen ins Abteil mitnehmen. Im Gepäckwagen fürchtet es sich ganz sicher zu Tode. Wie im Auto vor Zugluft und praller Sonne schützen.

# Rechtsfragen zur Tierhaltung

Man möchte es nicht glauben, aber auch so unproblematische Tiere wie Meerschweinchen können zu Unfrieden in der Hausgemeinschaft führen. Am besten machen Sie sich schon im Vorfeld kundig, wie Ihre Rechte als Heimtierhalter sind. Manchmal kommt es gar zu Auseinandersetzungen, die nur per Gerichtsurteil geregelt werden können. Die häufigsten Rechtsfragen sind im folgenden zusammengefaßt.

## Mietrecht

Sind im Mietvertrag keine Bestimmungen über die Tierhaltung enthalten, so ist grundsätzlich davon auszugehen, daß die üblichen Heimtiere in der Mietwohnung gehalten werden dürfen. Denn die Heimtierhaltung gehört heute zu der allgemeinen Lebensführung und zum vertragsgemäßen Gebrauch der Mietwohnung, solange durch die Tierhaltung keine Belästigungen eintreten (AG Offenbach, Az.: 34 C 705/85; AG Schöneberg, Az.: 8 C 11/91; AG Friedberg, Az.: C 66/93; AG Heidelberg, Az.: 20 C 72/92). Dies gilt grundsätzlich und erst recht auch für die Haltung von Kleinnagern wie Zwergkaninchen und Meerschweinchen (AG Hannover, Az.: 11 C 393/79; AG Aachen, Az.:6 C 500/88; AG Köln, Az.: 205 C 130/83). Denn diese Tiere sind ihrer Art und Natur nach nicht geeignet, eine Störung des Hausfriedens hervorzurufen.

Weder geht von ihnen eine Geruchsbelästigung aus, noch geben sie Geräusche von sich, die zu einer Lärmbelästigung anderer Mieter führen könnte. Ferner sind diese Tiere nicht imstande, größere Beschädigungen an der Wohnung zu verursachen.

Der Mieter braucht daher zur Haltung eines Meerschweinchens keine ausdrückliche Genehmigung. Problematisch wird es erst dann, wenn aus ein oder zwei Meerschweinchen eine ganze Zuchtgruppe mit sehr vielen Tieren wird. Hier wird man im Einzelfall prüfen müssen, inwieweit der Hausfrieden gestört sein könnte oder nicht.

Gestört ist nach der Rechtsprechung der Hausfrieden bereits dann, wenn übermäßig viele Heimtiere gehalten werden (OLG München, Az.: 5 U 7178/89) oder wenn Einstreumaterial mit der Folge einer Rohrverstopfung in die Toilette eingeleitet wird (LG Berlin, Az.: 64 S17/93).

Soweit denkbar ist, daß gebrauchtes Käfigstroh riecht, ist dieses ordnungsgemäß zu entsorgen, so daß hierdurch keine Hausmitbewohner belästigt werden. So stellt es nach der Rechtsprechung (AG Hamburg, Az.: 44 C 3/81) aber keine Belästigung der anderen Mitbewohner dar, wenn die riechende Käfigeinstreu in einer Plastiktüte verpackt im Mülleimer entsorgt wird.

## Eigentumswohnung

Ein generelles Verbot der Haltung von Meerschweinchen in der Eigentumswohnung kann wirksam nur vertraglich durch einen einstimmigen Beschluß der Wohnungseigentümer beschlossen werden.

Stimmenmehrheit reicht für ein Tierhaltungsverbot nicht aus (OLG Stuttgart, Az.: 8 W 8/82). Zulässig ist jedoch ein Beschluß der Wohnungseigentümer, der die Tierhaltung in der Eigentumswohnung auf eine vertretbare Zahl begrenzt (OLG Frankfurt, Az.: 11 W142/87).

## Tierhalterhaftung

Kommt ein Mensch oder eine Sache durch ein Tier zu Schaden, so haftet der Tierhalter stets nach § 833 BGB (Tierhalterhaftung).
Dies ist eine sogenannte Gefährdungshaftung, das heißt, der Tierhalter haftet auch dann, wenn ihm selbst kein persönlicher Vorwurf gemacht werden kann. Diese Grundsätze gelten nicht nur für große oder gefährliche Tiere, sondern auch für ein Meerschweinchen, das eventuell ein Kind beißt.
Wird das Tier aber provoziert, kommt ein Mitverschulden des Verletzten in Betracht. Unter Umständen ist dieses so hoch anzusetzen, daß die Tierhalterhaftung sogar ganz oder teilweise zurücktreten kann.

## Kaufvertragsrecht

Jeder, der ein Meerschweinchen käuflich erwirbt, schließt mit dem Verkäufer einen Kaufvertrag ab. Dieser Vertrag muß nicht schriftlich abgefaßt werden, denn auch ein mündlicher Kaufvertrag ist rechtsgültig. Stellt sich nach Übergabe des Meerschweinchens an den Käufer heraus, daß das Tier mit einem Fehler (also einer Krankheit) behaftet war, kann der Käufer seine gesetzlichen Gewährleistungsrechte geltend machen und beispielsweise vom Kaufvertrag zurücktreten oder aber den Kaufpreis mindern.
Voraussetzung hierfür ist jedoch immer, daß das Tier bereits bei Übergabe (und nur dann) krank war. Gerade bei Infektionskrankheiten läßt sich der Krankheitsbeginn nur schwer feststellen, so daß meistens nur sachverständige Tierärzte diese Frage klären können. Macht der Käufer solche Gewährleistungsrechte geltend, so muß er dies innerhalb von 6 Monaten von der Übergabe an gerechnet tun, da seine Gewährleistungsrechte sonst verjähren.
Kinder oder Jugendliche (bis zum vollendeten 16. Lebensjahr) sollten sich den Kauf eines Meerschweinchens besonders gut überlegen. Denn ohne Einwilligung ihrer Erziehungsberechtigten, dies sind meist die Eltern, dürfen Kinder noch kein Meerschweinchen kaufen. Genehmigen die Eltern den Kauf des Meerschweinchens nicht, muß der Verkäufer das Tier wieder zurücknehmen und den Kaufpreis zurückerstatten.

**Meerschweinchen gelten als nicht gerade intelligent, dafür sind sie sehr sozial.**

# Woher man das Tier bekommt

Ein Meerschweinchen sollte nicht nur hübsch aussehen, sondern auch gesund sein. Da ist es wichtig, an die richtige Stelle zu gehen und die Augen beim Kauf offen zu halten.

## Haus- oder Rassemeerschweinchen?

Ihr Kind hat das Meerschweinchen seiner Freundin in Pflege gehabt und möchte nun unbedingt auch so ein süßes Tier haben. Es weiß auch schon, daß in der nächsten Zoofachhandlung junge Meerschweinchen zum Verkauf angeboten werden. An ein bunt geschecktes Strupphaar hat es bereits sein Herz verloren, weil ihm die Haare so lustig zu Berge stehen und die eine Gesichtshälfte aussieht, als sei sie in schwarze Tinte getaucht worden.

Ihrem Kind und auch vielen anderen Meerschweinchen-Freunden kommt es nur auf das kleine, quiekende Fellbündel an. Ihnen ist es egal, ob es sich um ein Haus- oder Rassemeerschweinchen handelt. Wer hingegen züchten möchte, muß sich nach Tieren umsehen, die die entsprechenden Rassemerkmale aufweisen (→ Meerschweinchen gezielt züchten, Seite 78).

■ Als Hausmeerschweinchen bezeichnet man alle Tiere, die nach keinen Regeln gezüchtet wurden. Sie sind einfarbig oder gescheckt, haben vielleicht Stehohren, krumme Füßchen, Wirbel an der falschen Stelle, zu lange oder zu kurze Haare, kurzum, sie weisen »Fehler« auf, die sie für eine gezielte Zucht unbrauchbar machen.

■ Die Rassemeerschweinchen zeichnen sich durch verschiedene Färbungen und Haarstrukturen aus, deren Aussehen und Beschaffenheit genau festgelegt ist. Dies hat sich nicht von heute auf morgen etabliert, sondern ist das Ergebnis langjährigen und geduldigen Zuchtbemühens. Systematische Meerschweinchenzucht wird in England und Holland schon seit 100 Jahren betrieben. Jetzt findet dieses Hobby auch in den deutschsprachigen Ländern mehr und mehr Liebhaber. Wie die verschiedenen Rassen im einzelnen aussehen, ist ausführlich im Kapitel »Meerschweinchen im Porträt« → Seite 32 beschrieben.

## TIP

**Immer wieder werden Meerschweinchen auch im Tierheim abgegeben. Meist handelt es sich um ältere Tiere. Wenn sie gleich wieder einen neuen Besitzer finden, klappt es mit der Um- und Eingewöhnung in der Regel recht schnell. Ein Tier hingegen, das länger dort war, hat wahrscheinlich den Kontakt zu den Menschen verloren. Es ist sehr scheu und braucht viel Zuwendung, um wieder zahm zu werden.**

**Dreifarbiges Normalhaar Gold-Aguti, Rot-Weiß.**

**Blanke Augen, glattes Fell und ein gesunder Appetit sind Anhaltspunkte, daß es den Meerschweinchen gut geht.**

## Wo man das Tier seiner Wahl findet

In Zoofachgeschäften oder in den Zoofachabteilungen großer Kaufhäuser gibt es Meerschweinchen in vielen Farben und mit verschiedenen Haarstrukturen. Dort bemüht man sich auch in zunehmendem Maße, Rassemeerschweinchen anzubieten.

Lassen Sie sich mit dem Kauf Zeit, und sehen Sie sich den Laden gut an. Leider gibt es auch in dieser Branche reine Geschäftemacher, denen die artgerechte Haltung der Tiere keine Herzensangelegenheit ist. Ein guter Zoofachhändler bringt seine Meerschweinchen nicht zu dicht gedrängt auf engem Raum unter, hält Käfig und Futternapf sauber und achtet auf das Wohlergehen der Tiere. Außerdem wird er Sie bei der Auswahl Ihres Meerschweinchens ausführlich beraten.

**Hinweis:** Falls Sie einmal junge Meerschweinchen abzugeben haben, vertrauen Sie sie nur einem Zoofachhändler an, bei dem Sie sich vorher gut umgesehen haben.
Bei einem Züchter lassen sich die besonderen Wünsche erfüllen. Informieren Sie sich am besten vorher auf einer Meerschweinchen-Ausstellung, denn dort bietet sich Ihnen eine gute Übersicht über die Auswahl an Rassen. Dort können Sie sich auch mit anderen Meerschweinchen-Freunden austauschen und erfahren viel Nützliches über Haltung und Pflege. Nähere Auskünfte erteilt Ihnen der Verein Meerschweinchenfreunde Deutschland e.V. (→ Adressen, Seite 124).
**Hinweis:** Die Kosten für Meerschweinchen schwanken sehr. Erkundigen Sie sich vorher, um gegen Phantasiepreise gewappnet zu sein.
Über Zeitungsinserate unter der Rubrik »Tiermarkt« werden immer wieder junge Meerschweinchen kostenlos angeboten. Zeigt sich der Besitzer sehr besorgt, wie und wo sein Tier untergebracht sein wird, können Sie sicher sein, daß es aus einem »guten Stall« kommt.
In der Nachbarschaft gibt es oft jemanden, der junge Meerschweinchen zu verschenken hat. Angebote und Nachfragen sind vielleicht beim nächsten Zoofachhändler zu finden oder am Schwarzen Brett im Supermarkt an der Ecke.

### Augen auf beim Kauf

Wahrscheinlich haben Sie sich Ihren neuen Hausgenossen bereits angeschafft – das »Buch zum Tier« erwirbt man ja meistens erst beim Kauf oder nachdem es zu Schwierigkeiten gekommen ist. Meine Ratschläge klappern also ein wenig nach. Aber vielleicht gibt es ein nächstes Mal. Egal, ob Sie Ihren neuen Hausgenossen nun kaufen oder geschenkt bekommen, Sie sollten sich für Ihre Wahl viel Zeit lassen. Richten Sie Ihr Augenmerk auf folgendes (→ Tabelle, Seite 31):

- Suchen Sie sich am besten ein Jungtier aus. Es sollte etwa fünf bis sechs Wochen alt sein. In diesem Alter ist es noch merklich kleiner als ausgewachsene Tiere und wiegt zwischen 300 und 600 g. Allerdings kann ein weibliches Tier in diesem Alter bereits trächtig sein (→ Seite 87).

### Wie kommt es zu Nachwuchs?

Die Meerschweinchen deiner Freundin haben Junge bekommen, und sie hat dir eines geschenkt. Acht Wochen später wuseln drei Tiere im Käfig herum. Wie ist das möglich? Ein weibliches Meerschweinchen kann bereits ab seiner fünften Lebenswoche Junge bekommen.
Offensichtlich hat deine Freundin diesen Zeitpunkt versäumt, und das Tier wurde nicht rechtzeitig von seinen Eltern getrennt.
So hat sich dein Meerschweinchen mit dem Männchen gepaart und kam schwanger zu dir.

**Mit einem Zwergkaninchen versteht sich das Meerschweinchen gut, manchmal besser als mit seinesgleichen.**

■ Meerschweinchen sind gesellige Tiere. Beobachten Sie also aufmerksam, wie sich das Tier Ihrer Wahl zu seinen Artgenossen verhält. Ist es munter und fidel und spielt mit ihnen, oder sitzt es apathisch in einer Ecke und sondert sich ab? Letzteres deutet auf eine Krankheit hin.

■ Schauen Sie sich das Fell an. Starker Haarausfall, dünnes Fell und kahle Stellen sind Zeichen von Krankheit oder Alter.

■ Untersuchen Sie die Zähne des Meerschweinchens – im Geschäft mit der Hilfe des Zoofachhändlers. Bei einer schlechten Zahnstellung ist später mit Schwierigkeiten zu rechnen (→ Zahnkontrolle, Seite 30).

■ Achten Sie auch auf die Füße und Krallen. Hinkt das Meerschweinchen, hat es vielleicht eine Entzündung.

# Gesund sein ist wichtig

Wenn Meerschweinchen richtig ernährt und gepflegt werden und ausreichend Bewegung haben, werden sie eigentlich selten krank. Zur Erhaltung dieses Zustands können Sie beitragen, indem Sie von Zeit zu Zeit die folgenden Kontrolluntersuchungen durchführen.

## Zahnkontrolle

Die Zähne eines Meerschweinchens wachsen ständig nach. Wenn sie sich nicht genügend abnützen können, werden sie zu lang und hindern das Tier beim Fressen, bis es schließlich gar kein Futter mehr aufnehmen kann. Dann müssen sie vom Tierarzt abgeschnitten oder abgeschliffen werden (→ Nachwachsende Zähne, Seite 59). Bei der Zahnkontrolle gehen Sie so vor: Stützen Sie das Tier mit der einen Hand unter dem Bauch, mit der anderen fassen Sie den Kopf hinter den Zähnen mit leichtem Druck. Unwillkürlich öffnet das Meerschweinchen dabei sein Mäulchen (→ Zeichnung 1).
Die Nage- oder Schneidezähne von Ober- und Unterkiefer müssen sich berühren; dann stehen sie richtig und nutzen sich ordnungsgemäß ab.
Die Backenzähne beißen aufeinander. Manchmal schleifen sie sich zu scharfkantig ab und verletzen Backen und Zunge. Prüfen Sie das mit dem Finger.

## Afterkontrolle

Kotverklebungen am After deuten auf Durchfall hin, der vielfältige Ursachen haben kann, zum Beispiel Verdauungsstörungen durch falsche Ernährung, Parasitenbefall des Darms, Infektionen oder Viruserkrankungen. Durchfall ist also, vor allem wenn er länger anhält, ein Alarmsignal des Körpers und muß sorgfältig beobachtet werden (→ Seite 73). Am besten den Tierarzt aufsuchen. Die verklebte Afterregion wird mit einem feuchten Tuch gereinigt.

## Hautkontrolle

Hautkrankheiten kommen bei Meerschweinchen aus den verschiedensten Ursachen vor. Die Haut regelmäßig zu kontrollieren ist auch wichtig, da manche Hautkrankheiten auf den Menschen übertragbar sind (→ Zeichnung 2 und Seite 70). Deutliche Anzeichen, daß etwas nicht stimmt, sind ständiges Kratzen an bestimmten Stellen, Schreckhaftigkeit und Unruhe.

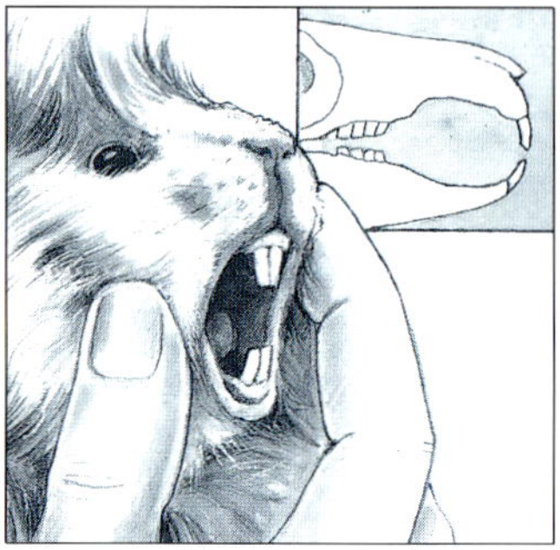

**1 Die Zähne müssen richtig zueinander stehen.**

**2 Haut auf Parasiten oder Pilzerkrankungen untersuchen.**

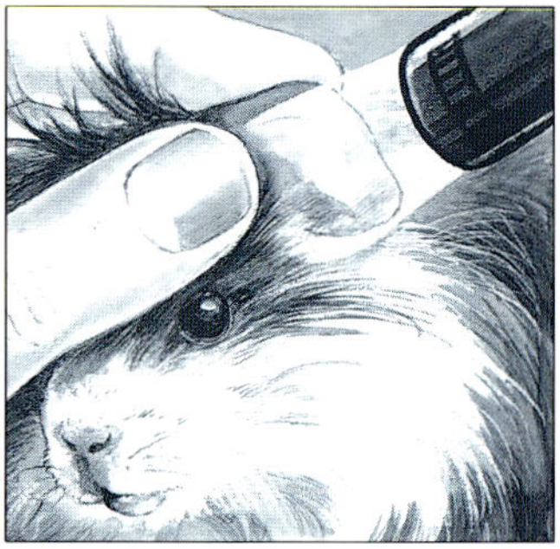

**3 Bei der Ohrenkontrolle auf Milbenbefall achten.**

## Das richtige Meerschweinchen auswählen

| | Gesundes Meerschweinchen | Krankes Meerschweinchen |
|---|---|---|
| **Körper** | rundum gut gepolstert | eingefallene Flanken |
| **Fell** | dicht und glänzend | struppig, dünn, mit kahlen Stellen |
| **Augen** | blank und ein wenig feucht, ohne Ausfluß | zu trocken, verklebt, entzündet |
| **Nase** | trocken und warm | verkrustet, mit Ausfluß |
| **Ohren** | sauber | dunkelbraune Krusten, vermehrtes Kratzen |
| **Afterregion** | sauber | kotverschmiert |
| **Füßchen** | auf der Unterseite nackt und ganz glatt | entzündet, Krallen wachsen in verschiedene Richtungen |
| **Verhalten** | aufmerksam, munter, »unterhält« sich mit seinen Artgenossen | lustlos, apathisch |

**Hinweis:** Bei Durchfall (erkenntlich am verklebten Fell um die Afteröffnung) sollten Sie auch kein anderes Tier aus demselben Käfig kaufen oder sich schenken lassen. Durchfall kann ein Zeichen für ansteckende Bakterien- oder Virusinfektion sein.

Parasiten wie Haarlinge oder Milben sind an entzündeten Stellen und Haarausfall zu erkennen, Hautpilzerkrankungen wie die Mikrosporie an kreisrunden, haarlosen Stellen mit zum Teil starker Krusten- beziehungsweise Schuppenbildung, weniger an Juckreiz. Auch an Allergien oder unter Hormonstörungen können Meerschweinchen leiden. Sachgemäß behandeln kann alle diese Erkrankungen nur der Tierarzt.

### Ohrenkontrolle

Meerschweinchenohren können innerlich von Ohrmilben, äußerlich von einer Hautkrankheit befallen werden oder sich entzünden. Anzeichen sind vermehrtes Kratzen am Ohr. Braune Verkrustungen und unangenehmer Geruch bedeuten Ohrmilben. Stark gerötete und entzündete Haut im Gehörgang (mit einer Taschenlampe hineinleuchten) sind Anzeichen für eine Ohrenentzündung (→ Zeichnung 3). Kleine kahle Stellen an den Ohren weisen auf eine Hautkrankheit hin. Sobald Sie eines oder mehrere derartige Anzeichen feststellen, sollten Sie umgehend den Tierarzt aufsuchen (→ Seite 76).

# Meerschweinchen im Porträt

Meerschweinchen zu züchten ist in England und Holland schon seit vielen Jahren üblich. Nun werden auch hierzulande Ausstellungen organisiert und die schönsten Tiere prämiert.

## Merkmale des Rassemeerschweinchens

Ein reinrassiges Meerschweinchen hat ganz bestimmte Merkmale aufzuweisen, die von einer Standardkommission vorgeschrieben und auf Ausstellungen bewertet werden. Es gelten folgende Richtlinien.

Körperbau: Gut bemuskelt und kräftig, aber nicht plump, dick oder fett. Im Typ breit und kurz, Hinterpartie abgerundet und schwanzlos.

Beine: Gerade und kräftig. An den Vorderfüßen je vier Zehen und Krallen, an den Hinterfüßen drei.

Kopf: Kräftig, zwischen Augen und Ohren breit. Nase gebogen, Schnauze schön rund und Wangen gut entwickelt.

Augen: Groß und klar, etwas vorstehend.

Ohren: Fleischig und waagerecht abstehend, Form eines Rosenblatts, in der Mitte etwas gewellt und leicht hängend.

Größe und Gewicht: Zwischen 22 und 35 cm. Ein gut ausgewachsenes Tier sollte zwischen 900 und 1200 g wiegen.

Fell: Beurteilt wird die Beschaffenheit der verschiedenen Haarstrukturen.

Besondere Rassemerkmale: Verschiedene Farben und Zeichnungsarten.

## Was ist ein Standard?

Als Standard bezeichnet man die Beschreibung des »idealen« Tiers einer Rasse. Danach werden auch alle Rassemeerschweinchen vom Verein der Meerschweinchenfreunde Deutschland e.V. auf Ausstellungen bewertet. Bis 1997 lehnte sich der deutsche Standard in den Beschreibungen an den holländischen Standard an, das heißt, die bei den einzelnen Rassen aufgezählten Farben sind in Holland anerkannt. Hinzu kam, daß man in England anerkannte Rassen nach Deutschland mitbrachte und die Namensvielfalt zu Verwirrungen in den Bezeichnungen führte. Wenn Sie sich genau informieren wollen, wenden Sie sich am besten an den oben erwähnten Verein (→ Adressen, Seite 125).

**Drei Fellbündel: Sheltie, Dreifarbig (links), Holland Angora, Rot-Weiß (Mitte) und Alpaka, Rot-Weiß (rechts).**

Auf den folgenden Seiten ist beschrieben, wie die Meerschweinchen-Rassen nach Fell (Farbe, Zeichnung), Krallen und Augen gemäß dem Standard aussehen sollen.

## Rassen

Die geltenden Rassen unterscheiden sich hauptsächlich in der Behaarung. Die bisher geläufigen Bezeichnungen Glatthaar-, Rosetten- und Angora-Meerschweinchen sind, seit es auch in Deutschland einen Standard gibt, verfeinert worden. Anerkannt sind Glatthaar, Rosette, Rex, Texel, English und American Crested, Satin, Langhaar oder Angora (Peruaner) und Sheltie (Peruanisches Seidentier).

## Farbenschläge

Als Farbenschlag wird eine einheitliche Grundfarbe bezeichnet, die gleichmäßig über den ganzen Körper verteilt sein soll.

■ Aguti. Dieser Fachausdruck für Wildfarben bezeichnet eine Fellfarbe, die der der wildfarbenen Vorfahren am nächsten kommt. Die Färbung entsteht durch die zwei- bis dreifache Hell-Dunkel-Bänderung jedes einzelnen Haars, wobei die Haarspitze immer dunkel ist, das sogenannte Ticking. Streifen, Flecke und Scheckung sind nicht erlaubt.

Gold-Aguti: Schwarz/Rot. Augen und Krallen dunkel.

Grau-Aguti (Wildfarbe): Schwarz/Buff. Augen dunkel. Krallen schwarz.

Silber-Aguti: Schwarz/Silbergrau. Augen dunkel. Krallen schwarz.

Cinnamon-Aguti (Zimtfarben): Zimtfarben/Silberweiß. Feueraugen. Krallen braun.

Salm-Aguti (Lachsfarben): Gold/Lilac. Augen rot. Krallen hornfarbig.

■ Einfarbig

Schwarz: Tiefes Schwarz. Augen dunkel. Krallen schwarz.

Schokolade: Wie Bitterschokolade. Feueraugen. Krallen dunkel.

English Crested, Schwarz. Die Rosette auf dem Kopf hat die Farbe des Körpers.

Gold: Warmes Orange. Augen rot. Krallen hornfarbig.

Lilac: Hellblau, mit rosa Schimmer. Augen rot. Krallen hornfarbig.

Beige: Dunkle Rahmfarbe, mit grauem Schimmer. Augen rot. Nägel hornfarbig.

Creme: Helle Rahmfarbe. Augen dunkel. Krallen hornfarbig.

Buff (Ockerfarben): Dunkles Gelb. Augen dunkel. Krallen hornfarbig.

Rot: Tiefdunkles Rot (wie Irish Setter). Augen dunkel. Krallen dunkle Hornfarbe.

Weiß: Reines Weiß. Augen dunkel, blau oder rot. Krallen hell.

**Glatthaar, Schildpatt und Weiß in der Farbkombination Schokolade-Rot-Weiß.**

**Glatthaar, Holländer. Hinterteil und »Wangen« haben die gleiche Farbe.**

## Zeichnungsarten

Bei mehrfarbigen Tieren sind die verschiedenen Farben in bestimmten Musterungen auf dem Fell verteilt. Diese nennt man Zeichnungsarten.

Holländer: Auf beiden Seiten des Kopfes (dazwischen weiße Blesse) und hinterem Körperdrittel die gleiche Farbe, Rest weiß, die beiden Hinterfüße zur Spitze hin weiß (Manschetten). In Schwarz, Schokolade, Rot und Aguti. Augen dunkel. Krallen farblos.

Schildpatt: Möglichst gleichmäßige Verteilung scharf abgegrenzter roter und schwarzer Farbfelder (Karozeichnung). Augen dunkel. Krallen dunkel.

Schildpatt und Weiß (Dreifarbig): Auf jeder Körperseite möglichst gleichmäßige Verteilung von scharf abgegrenzten Farbflecken in Schwarz, Rot, Weiß. Dunkle Krallen. Unterschiedliche Farbe der

Augen (dunkel oder rot) und weiße Krallen sind erlaubt. Anerkannt ist auch die Farbkombination Schokolade-Rot-Weiß.
Brindle: Rote und schwarze Haare gleichmäßig über den Körper verteilt. Augen dunkel. Krallen dunkel.
Japaner: Eine Gesichtshälfte rot, eine schwarz, Ohren jeweils in der entgegengesetzten Farbe. Rumpf rot und schwarz gebändert (Zebrazeichnung). Augen dunkel. Krallen dunkel.
Himalaya/Russe: Weiß mit dunkler Maske, die im Idealfall birnenförmig ist und bis zur Augenlinie reichen sollte, das heißt, nur die Nase bedecken darf. Auch Ohren und Füße müssen dunkel sein. Erlaubt in Schwarz und Schokolade. Augen rot. Krallen dunkel.

Rosette, Brindle. Rote und schwarze Haare sind gleichmäßig verteilt.

**Rosetten-Meerschweinchen**
Auch als Wirbelhaar oder Abessinisches Meerschweinchen bekannt, zeichnet es sich durch seine besondere Haarstruktur aus. Das Fell ist rauh und steht steif vom Körper ab. Mindestens acht Rosetten (ideal sind zehn) müssen an genau festgelegten Stellen auf dem ganzen Körper verteilt sein. Diese Kämme oder Scheitel zwischen den Rosetten sollten bürstenartig hoch-

Foto links: Rosette, Lilac-Weiß-Rot. Die Haare stehen steif vom Körper ab.

**Texel, Rot. Die Haare sind lang und korkenzieherartig gewellt.**

**Rex, Weiß. Das Fell ist kurz, fein und weich in der Textur.**

stehen und so plaziert sein, daß ein schöner Doppeleffekt entsteht. Dadurch sieht das Tier lustig und struppig aus und wird im Volksmund auch Strupphaar genannt.
Anerkannte Farben und Farbkombinationen bei Rosetten-Meerschweinchen sind Rot, Schwarz, Weiß, Dreifarbig, Brindle, Schildpatt, Bunt (mit gleichmäßiger Verteilung einer Farbe), Schwarzschimmel (Verteilung der Haare ungefähr 1:1 Weiß mit Schwarz), Rotschimmel (1:1 Weiß mit Rot) und Mixed Schimmel (1:1 Weiß, Schwarz und Rot).

## Rex

Rex-Meerschweinchen haben, ähnlich wie Rex-Katzen, gewelltes oder gelocktes Haar, das kurz, fein und weich in der Textur ist. Anerkannt sind die Farben Rot-Weiß und Buff. Bewertet wird jedoch nur das Fell.

## Texel

Texel ist eine Kreuzung aus Sheltie (→ Seite 40) und Rex. Am Kopf sind die Haare kurz und gekräuselt, am Körper lang und korkenzieherartig gewellt oder gelockt. Anerkannt sind die Farben Rot-Weiß und Rot.

### English und American Crested

Hierzulande kennt man sie als Schopf-Meerschweinchen, doch die englische Bezeichnung crested = gekrönt ist zutreffender.

Diese Tiere sind glatthaarig mit einer einzigen Rosette, die genau in der Mitte der Stirn im Viereck zwischen Augen und Ohren sitzen muß und nur ein Zentrum haben darf.

- English Crested: Es trägt die Rosette in der Farbe des Körpers, und anerkannt sind Aguti, alle einfarbigen Varianten sowie Weiß.
- American Crested: Bei ihm ist die Rosette weiß, und anerkannt sind nur Schwarz, Rot, Golden und Buff.

### Satin

Sie gehören eigentlich auch noch zu den Glatthaar-Meerschweinchen, doch aufgrund ihrer besonders seidigen, glänzenden Haare hat man daraus

**Satin, Einfarbig Rot. Ein besonders schönes Exemplar.**

**English Crested Satin, Einfarbig Buff. Der Schopf ist gleichfarbig.**

**American Crested. Bei diesem Schopf-Meerschweinchen ist die Rosette auf dem Kopf weiß.**

eine eigene Rasse gemacht. Das Fell ist feiner, seidiger und dichter als bei »normalen« Meerschweinchen. Der Satinglanz, der übrigens bei der Beurteilung der wichtigste Faktor ist, läßt die Farbe intensiver erscheinen. Wenn das Licht darauffällt, muß das Fell richtig glänzen. Zugelassen sind Rot, Golden, Buff, Creme und Weiß.

Ursprünglich nur als Normalhaar-Satin gezüchtet, gibt es inzwischen auch Rosette, English und American Crested, Langhaar, Teddy, Sheltie, Coronet und bestimmt auch bald alle anderen Meerschweinchen-Rassen in Satin. Die Vielfalt ist groß.

**Satin, Himalaya. Die schwarzen Flecken werden bei Kälte dunkler.**

## Langhaar-Meerschweinchen (Peruaner)

Es hat lange, dichte und glänzende Haare, die sich vor allem bei den Jungen zart und seidig anfühlen. Durch einen Scheitel auf dem Rücken hängen die Haare wie eine Mähne auf beiden Seiten des Körpers. Auf der Hinterhand bildet das Haar eine Schleppe. Auch auf dem Kopf sitzt ein Wirbel, wodurch ein dichter und langer Pony entsteht. Anerkannte Farben sind Rot, Schwarz, Weiß, Dreifarbig, Schildpatt und Rot-Bunt oder Schwarz-Bunt (Schwarz-Weiß).

**Bei uns demnächst anerkannt ist das Coronet, ein Peruaner mit Schopf.**

## Sheltie (Peruanisches Seidentier)

Die Haare sind wie beim Langhaar lang, dicht und glänzend. Je länger sie werden, desto weicher und seidiger müssen sie sich anfühlen. Ein dichter Scheitel auf dem Rücken bewirkt, daß die Schulter- und Seitenhaare wie eine Mähne herabfallen. Die

**Sheltie oder Peruanisches Seidentier, Creme-Schwarz-Weiß.**

**Langhaar, Weiß-Lilac, eine besonders ausgefallene Farbe.**

Schleppe breitet sich fächerförmig aus. Das Sheltie trägt keinen Pony, das heißt, die Haare wachsen nach hinten. Dafür hat es einen Backenbart. Anerkannte Farben sind Schwarz, Rot, Weiß, Schildpatt, Dreifarbig und Schwarz-Bunt beziehungsweise Rot-Bunt.

## Demnächst anerkannte Züchtungen

Coronet: Langhaar-Variante von Crested, das heißt, ein Peruaner mit Schopf (Stirnwirbel).

Teddy: Eine aus Amerika stammende Züchtung, die aussieht wie Rex, genetisch aber nicht identisch ist.

Alpaka: Texel mit Wirbeln, herausgezüchtet aus Langhaar und Rex.

Merino: Texel mit Schopf, herausgezüchtet aus Coronet und Rex.

**Holland Angora, Rot-Weiß. Anzahl und Position der Wirbel sind genau vorgeschrieben.**

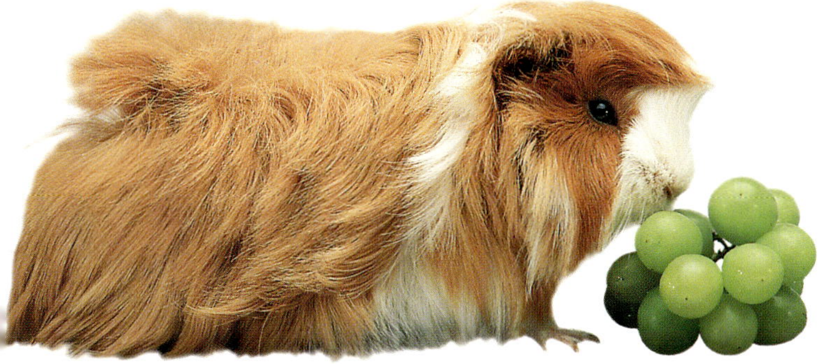

# Richtig halten und pflegen

Munter und fidel hopst das Meerschweinchen in seinem Käfig herum und quiekt erfreut, sobald das Futter naht. Sorgen Sie für eine artgerechte Haltung, dann wird Ihr kleiner Liebling ein zufriedenes Dasein führen.

**Mit einem Leckerbissen kann man das Meerschweinchen zu allerlei Turnübungen veranlassen.**

# Ausstattung und Unterbringung

Meerschweinchen sind keine anspruchsvollen »Mieter«. Alles, was sie brauchen, sind ein geräumiger Käfig, genügend Einstreu und ein Schlafhäuschen, in das sie sich zurückziehen können.

## Ein Käfig zum Sichwohlfühlen

Tatsächlich haben Meerschweinchen keine besonderen Verhaltensweisen, die eine spezielle Unterbringung erforderten. Sie sind keine Kletterer und Turner wie Hamster; sie können zwar Luftsprünge machen, aber bei weitem nicht so hoch wie Kaninchen; sie wollen auch nicht unbedingt aus ihrer Behausung »ausbrechen«. Große Ansprüche stellen Meerschweinchen also nicht, was jedoch nicht heißt, daß man sie ganz vernachlässigen kann.

Der Käfig sollte mindestens eine Fläche von 40 x 80 cm haben, die Bodenschale 10 bis 15 cm hoch sein, damit die Einstreu nicht so leicht hinausfliegt. Für zwei oder mehr

**Sport im Käfig. Eine Leiter lädt zum Klettern ein und hält das Meerschweinchen beim »Essenfassen« auf Trab.**

**Auf rauhem Untergrund wetzen sich die Krallen des Meerschweinchens ganz natürlich und artgerecht ab.**

Meerschweinchen muß der Käfig entsprechend größer sein. Ein Oberteil aus Gitterstäben, seitlich oder oben aufklappbar, ist praktisch, hat jedoch den Nachteil, daß die Streu hinausfliegen kann. Für die Kunststoffhaube spricht, daß das Meerschweinchen einen Rundumblick hat und die Streu nicht hinausgeschleudert wird. Allerdings kann es manchmal zu heiß darunter werden.

Ungeeignet sind Pappkartons als Meerschweinchen-Behausung. Man kann die Tiere darin zwar transportieren, aber das sollte zeitlich begrenzt sein. Beließe man es dabei, wäre der Karton alsbald zernagt und vom Urin durchweicht und zersetzt. Auch von Holzkisten ist abzuraten. Sie sind schwer zu reinigen und saugen sich ebenfalls voller Urin. Das ist dann recht unappetitlich.

## Schlafhäuschen

Meerschweinchen mögen gern mit einem »Dach über dem Kopf« schlafen. Dafür geeignet ist ein der Größe des Tiers entsprechendes Kästchen, in das ein Schlupfloch geschnitten wird. Im Zoofachhandel werden Häuschen aus Holz oder Kunststoff angeboten. Holz ist besser, da das Meerschweinchen daran auch seine Zähne abwetzen kann.

Tips für Bastler

Wenn Sie es selbst anfertigen, bitte folgendes beachten:

- Holz wie Fichte, Kiefer oder Lärche ist Span- oder Rauhfaserplatten vorzuziehen.
- Brettchen nicht mit Heftklammern zusammenzwicken; das Tier kann sich beim Knabbern daran verletzen. Lieber größere U-Haken aus Stahl verwenden, die lassen sich nicht so schnell herausnagen.
- Zum Leimen den Bastelleim Ponal verwenden, er soll der ungiftigste sein. Nach dem Kleben ein paar Tage auslüften lassen. Geleimte Häuschen in den Ecken mit Leisten stabilisieren.

## Futterraufen

Eine Futterraufe für das Heu ist auf jeden Fall nötig. Natürlich kann man Heu auch einfach auf den Boden legen. Sind jedoch mehrere Tiere im Käfig, wird es schnell niedergetrampelt und von Kot und Urin verschmutzt. Noch besser sind zwei Raufen, denn für Grünfutter gilt das gleiche. Meist werden Futterraufen beim Kauf des Käfigs mitgeliefert, sie können aber auch einzeln im Zoofachhandel gekauft werden.

Sehr praktisch ist ein Klappdeckel aus Holz, mit dem die Raufen oben verschlossen werden können. Das Meerschweinchen kann nicht in die Raufe hineinklettern und sie womöglich herunterreißen. Dafür kann es sich daraufsetzen, was es auch liebend gern tut.

**In der Futterraufe bleibt das Heu sauber und appetitlich.**

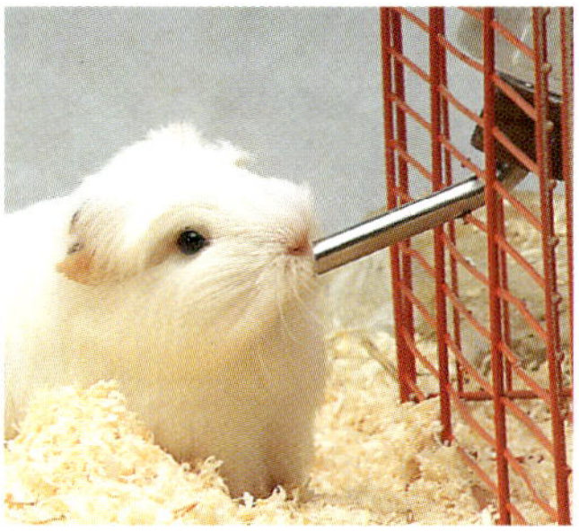

**An die Nippeltränke gewöhnt sich das Tier schnell.**

**Der Salzleckstein darf nicht auf dem Boden liegen.**

**Ein Blumentopf als Höhle , Ziegelsteine als Treppe – mehr braucht es nicht, um den Käfig »interessant« einzurichten.**

**Foto links außen: Der Futternapf sollte nicht umkippen, wenn das Tier seine Pfoten daraufstellt.**

## Trinkautomat

Für Trinkwasser wählen Sie am besten eine Nippeltränke, die am Käfiggitter eingehängt werden kann. Die Flasche aus Glas oder Kunststoff sollte mit einem Kugelventil ausgestattet sein, damit das Wasser nicht in den Käfig tropft. Das Meerschweinchen lernt sehr schnell, sich daran tröpfchenweise zu bedienen.

## Krallenabwetzstein

Damit sich die Krallen auf natürliche Weise abwetzen, sollten Meerschweinchen über harten und rauhen Untergrund laufen (→ Seite 59). Gut geeignet ist zum Beispiel ein Ziegelstein.

## Futternapf

Er muß standfest sein und darf nicht umfallen. Näpfe aus glasiertem Ton oder Porzellan sind gut geeignet, Schalen aus Kunststoff kippen leicht. Wählen Sie den Napf auch nicht zu groß, sonst setzt sich das Tier hinein. Einen Futterautomat nur mit der Tagesration füllen, sonst frißt das Meerschweinchen dauernd.

## Eine Kunststoffwanne als Wohnung

Wer die Anschaffung eines großen und deswegen nicht billigen Käfigs erst einmal hinausschieben will, kann auf einen Wäschekorb oder die ausrangierte Kinderbadewanne zurückgreifen. Beide müßten natürlich die Maße des Käfigs haben. Allerdings sollten diese Alternativen kein Dauerzustand werden.

Vorteile: Durch den hohen Rand fühlt sich das Meerschweinchen geborgener, die Streu kann kaum mehr hinausfliegen, und Wanne oder Wäschekorb sind bequem zu reinigen.

Nachteile: Das Meerschweinchen kann über den Rand nicht hinaussehen und ist von seiner Umgebung zu sehr isoliert. Futterraufe und Trinkautomat sind schwierig zu befestigen. Außerdem ist das Tier zum Beispiel vor Katzen, die ihm gefährlich werden könnten, nicht entsprechend geschützt.

## Ein selbstgebasteltes Meerschweinchenheim

Meerschweinchenfreunde mit handwerklichem Geschick sind fein raus. Sie können selbst tätig werden und dabei ihrer Phantasie freien Lauf lassen. Bei einer Züchterin sah ich zum Beispiel eine große Schrankwand aus beschichteten Hartfaserplatten, die zu Meerschweinchen-Boxen umfunktioniert war. Die Türen ließen sich nach oben aufklappen und waren zur Hälfte verglast, so daß die Luft gut zirkulieren konnte.

So ein selbstgebautes Domizil läßt sich mit allem ausstatten, was den Lebensraum eines Meerschweinchens in der freien Natur ausmacht. Hier ein paar Tips für die Planung:

Größe: Mindestens so groß wie ein käuflicher Zimmerkäfig, das heißt 80x40x40 cm. Gegen eine größere Grundfläche ist selbstverständlich nichts einzuwenden.

Material: 20 mm dicke, unbehandelte Naturholzbretter. Keine Spanplatten verwenden, da sie Formaldehyd enthalten.

Bodeneinsatz: Eine Wanne aus Kunststoff (im Zoofachhandel als Katzenklo erhältlich) oder Zinkblech, da unbehandeltes Holz sich zu sehr mit Urin vollsaugt.

Etage: Sie sollte in etwa 15 cm Höhe eingezogen werden und kann bis zu einem Drittel der Grundfläche einnehmen.

### TIP

**Zur Fellpflege für langhaarige Tiere brauchen Sie einen weitzinkigen Kamm zum Entwirren des Fells, eine Drahtbürste mit Kunststoffkappen zum Durchbürsten und eine weiche Babybürste für den Glanz.**

**Das hohle Stück Holz ist ein ideales Schlafhäuschen und kann gleichzeitig nach Herzenslust benagt werden.**

Rand: An drei Seiten 40 cm hoch; die vierte, der Etage gegenüberliegende Seite 10 bis 15 cm, darüber Maschendraht. Diese Seite muß außerdem zu öffnen sein, etwa nach oben oder zur Seite aufklappbar. So läßt sich der Bodeneinsatz zum Säubern herausziehen, außerdem kann das Meerschweinchen beim Auslauf allein heraus- und hineinspazieren.

Dach: Bei 40 cm Käfighöhe allenfalls über der Etage nötig.
Ausstattung: Ein rauher, flacher Stein, der so vor die Etage gelegt wird, daß das Meerschweinchen darüberlaufen muß, wenn es hochspringen will. Äste zum Beknabbern und Benagen. Ein Blumentopf, auf die Seite gelegt, um sich darin zu verstecken oder daraufzuklettern.

## Die richtige Einstreu

Sägespäne sind preiswert und leicht zu beschaffen. Um den Geruch zu binden, gibt man darunter eine Schicht Katzenstreu. Manche Halter von Meerschweinchen raten davon ab, da vor allem junge Tiere an der Katzenstreu knabbern könnten und ihnen das auf die Dauer nicht bekommt. Derselbe Einwand erhebt sich, wenn Sie statt Katzenstreu eine dicke Lage Zeitungspapier daruntergeben. Solange die Tiere nur daran nagen, aber nichts davon fressen, ist das nicht schädlich. Schlukken sie jedoch zuviel von den Papierfetzen, müssen Sie sie entfernen, da die Druckerschwärze ungesund ist.

Stroh mögen Meerschweinchen sehr gern, weil sie darin herumrascheln und Verstekken spielen, vor allem aber daran herumknabbern können. Stroh gibt es im Zoofachhandel zu kaufen, bei größerem Bedarf können Sie es sich aber auch beim Bauern besorgen.

**Ein geräumiger Käfig, dazu täglicher Wohnungsauslauf – dann fühlt sich das Meerschweinchen wohl.**

**Foto rechts: Meerschweinchen schlafen gern mit einem »Dach über dem Kopf«.**

### Warum ziehen sich Meerschweinchen gern in Höhlen zurück?

Ist dir schon aufgefallen, wie oft am Tag dein Meerschweinchen in sein Schlafhäuschen schlüpft? So oft schläft es doch gar nicht. Es hockt auch häufig darin, weil es sich dort rundum geborgen fühlt. Meerschweinchen sind nämlich Fluchttiere, das heißt, gegen Feinde setzen sie sich nicht zur Wehr, sondern flüchten vor ihnen und verstecken sich in ihrer Höhle. Diese Gewohnheit haben sie auch als Heimtiere nicht abgelegt, obwohl ihnen bei dir zu Hause eigentlich keine Gefahr droht.

Biologische Kleintierstreu aus dem Zoofachhandel ist besonders saugfähig und frei von Schadstoffen, dafür teurer.

**Hinweis:** Bei Langhaarrassen sollte man Sägespäne nur als Untergrundstreu nehmen und darüber eine dicke Schicht Stroh legen. Die Sägespäne bleiben in den langen Haaren hängen und verursachen häßliche Knoten (→ Seite 57).

### Der richtige Platz für den Käfig

Ein Meerschweinchen, zumal wenn es allein gehalten wird, braucht »Familienanschluß«. Es ist ja ein sehr geselliges Tier, und ein allzu isolierter Platz würde seinem Kontaktbedürfnis zuwiderlaufen. Das heißt nun nicht, daß es in seiner Umgebung »wie auf dem Bahnhof« zugehen soll. Zuviel Krach und laute Musik mögen Meerschweinchen nicht, denn sie sind ziemlich schreckhaft. Außerdem haben sie ein sehr feines Gehör.

Der beste Standort ist ein heller, nicht zu warmer und vor allem zugfreier Raum. Zugluft ist nämlich sehr schädlich. Da es am Boden meist zieht, sollte der Käfig erhöht stehen, zum Beispiel auf einem stabilen Tisch oder einer Kommode.

## Auslauf in der Wohnung

Meerschweinchen müssen ihre körperlichen und sinnlichen Fähigkeiten trainieren können. Sonst werden sie zu den langweiligen Tieren, die lahm in ihrem Käfig herumsitzen, wie so viele Leute denken. Wer schon einmal gesehen hat, was für wilde Verfolgungsjagden sie sich liefern, weiß, wie groß ihr Bewegungsdrang ist. Bieten Sie ihnen also die Möglichkeit dazu.

Worauf beim Auslauf zu achten ist:

- Wertvolle Teppiche und Möbel sollten sich nicht im Zimmer befinden, denn sie könnten angenagt und verschmutzt werden.
- Elektrische Leitungen dürfen nicht erreichbar sein. Meerschweinchen knabbern gern daran, und das kann tödlich enden. Auch Telefonkabel werden nicht verschont.
- Eine flache Schale mit Streu als Meerschweinchen-Toilette mit ins Zimmer stellen (→ Seite 64).
- Keine Zeitschriften und Bücher herumliegen lassen. Meerschweinchen sind rechte Racker und machen sich mit Vorliebe über Papier her. Auch lose Tapetenenden sind vor ihnen nicht sicher.

## Gefahren für das Meerschweinchen

| Gefahr | Gefahrenquelle | Vermeiden der Gefahr |
|---|---|---|
| Abstürzen | **Balkon** | Mit Drahtgittern oder Brettern sichern. |
| | **Tisch** | Nie ohne Aufsicht frei laufen lassen. |
| Einklemmen | **Türen** | Nicht unbedacht öffnen oder schließen. |
| Hitzschlag | **Sonne, Heizung** | Käfig nie in der prallen Sonne oder neben der Heizung stehen lassen. |
| Stromschlag | **Elektrokabel** | Leitungen unter Putz verlegen, Kabel nicht herumliegen lassen, bei Auslauf Stecker ziehen. |
| Verbrennen | **Heiße Gegenstände** | Nicht in der Nähe von Herd, Toaster oder brennenden Kerzen laufen lassen. Auch Zigaretten oder Kippen bergen eine Gefahr. |
| Vergiften | **Giftige Zimmerpflanzen** | Auf giftige Pflanzen in der Umgebung des Meerschweinchens verzichten. |
| | **Gebeiztes und lackiertes Holz** | Ungiftiges Material verwenden. |
| Verletzen | **Tritt durch Menschenfuß** | Vorsicht beim Auslauf. |

## TIP

**Meerschweinchen vertragen nicht so viel Hitze. Deswegen darf ihr Käfig nicht in der prallen Sonne oder zu nahe am Heizkörper stehen. Dunkle und feuchte Kellerräume sind für die Tiere eine Quälerei.**

**Auslauf in der Wohnung ist für das Meerschweinchen wichtig.**

■ Für eine abwechslungsreiche Umgebung sorgen, mit Winkeln und Nischen, erhöhten Plätzchen (umgedrehter Blumentopf) oder kleinen Hindernissen zum Darüberspringen (→ Pfiffige Spielideen, Seite 108).

### Sommerfrische auf dem Balkon

Wenn Sie glücklicher Balkonbesitzer sind und genügend Platz vorhanden ist, können Sie auch Ihr Meerschweinchen daran teilhaben lassen. Richten Sie ihm dort sein Zuhause so ein, daß es sich vom Frühjahr bis zum Spätherbst wohl fühlt. Allerdings muß es bei einer Außentemperatur unter 10 °C in die Wohnung genommen werden. Ein paar Dinge sollten Sie vorher bedenken.

Sicherheit: Durch Balkongitter oder unter nicht bis zum Boden reichenden Brüstungen kann sich das Meerschweinchen hindurchzwängen und abstürzen. Sichern Sie das Balkongitter mit einem Maschendraht, der fest am Boden aufliegen und etwa 40 cm hoch sein muß. Eine Brüstung, die nur unten offen ist, verschalen Sie am besten mit Holzbrettern.

**Hinweis:** Bringen Sie auch beim Balkongitter ein Brett an, das verhindert Zugluft und kann zudem benagt werden.

Schutz: Der Balkon sollte gegen Wind, Regen und starke Sonneneinstrahlung geschützt sein. Den kalten Betonboden mit alten Teppichfliesen oder einer Naturgrasmatte auslegen.

Katzen: Ein Balkon im Erdgeschoß ist eventuell für fremde Katzen zugänglich. Sichern Sie den Balkon mit einem feinen Netz. Da es Vermieter gibt, die dagegen Einwände erheben, sollten Sie das vorher klären.

Temperaturwechsel: Bei dem Wechsel von drinnen nach draußen oder umgekehrt müssen Sie das Meerschweinchen an die jeweilige Temperatur gewöhnen, sonst erkältet es sich. Zuerst nur in den warmen Mittagsstunden hinaussetzen und nachts wieder hereinholen, beziehungsweise im Herbst nicht sofort in einen geheizten Raum bringen. Bei 18 bis 20 °C fühlt sich das Tier am wohlsten.

Fütterung: Das Meerschweinchen muß auch auf dem Balkon zweimal täglich frisches Futter und Wasser bekommen.

Übernachten: Dazu braucht das Tier sein Schlafhäuschen (→ Seite 46).
**Nicht vergessen:** Die Schale mit Streu als Toilette.

## Freigehege

Als Gartenbesitzer können Sie Ihrem Tier draußen regelmäßigen Auslauf bieten oder ein ständiges Zuhause einrichten, vor allem, wenn Sie mehrere Tiere halten. Allerdings ist dann die Bindung zum Menschen nicht mehr so eng.

Gehege: Im Zoofachhandel sind fertige Gehege erhältlich. Oder Sie bauen aus Latten vier stabile Rahmen, die mit Maschendraht bespannt und mit Scharnieren miteinander verbunden werden. Kleiner als 1 qm sollte das Gehege aber nicht sein. Ein ebenfalls mit Maschendraht bespannter Deckel ist notwendig, damit den wehrlosen Meerschweinchen nicht von oben her durch Katzen, Hunde, Marder oder Raubvögel Gefahr droht.

**Ein Freigehege mit Schutzhäuschen und Maschendrahtabdeckung bietet Aufenthalt für viele Meerschweinchen.**

## Warum klappern Meerschweinchen mit den Zähnen?

Wenn dein kleiner Liebling das macht, friert er nicht etwa, sondern fühlt sich bedroht. Vielleicht hast du unvermutet nach ihm gegriffen, und er hat sich erschrocken. Zuerst wirst du ein Knurren hören. Das bedeutet nicht etwa, das es dich angreifen will, sondern: Bitte tu mir nichts. Wenn du das nicht verstehst, fängt das Meerschweinchen an, wütend mit seinen Zähnen zu klappern. Begreifst du immer noch nicht, kann es dich doch tatsächlich in den Finger beißen.

Sicherheit: Das Gehege braucht nicht unbedingt in der Erde verankert zu sein, da Meerschweinchen kaum graben. Doch sollte es sicher und fest stehen und zwar so, daß die Tiere nicht hinaus- und Ratten oder Wiesel nicht hineinschlüpfen können. Außerdem läßt sich ein mobiler Laufstall leichter von einem frischen Grasstück zum anderen versetzen.

Schutz: Nicht nur als Schutz vor Regen, Sonne und Wind, sondern auch als Fluchtburg vor Feinden, oder wenn sie sich erschrecken, brauchen Meerschweinchen in ihrem Gehege einen Unterschlupf. Er sollte mindestens so groß sein wie der Wohnungskäfig, also etwa 80 x 40 x 40 cm. Mehrere Meerschweinchen brauchen natürlich ein entsprechend größeres Haus. Es wird aus 20 mm dicken, unbehandelten Naturholzbrettern gebaut, mit festem Boden, einem Fenster und einem abnehmbaren oder aufklappbaren Dach, sonst kann das alte Stroh nicht entfernt werden. In die Vorderfront einen 10 bis 15 cm großen Einschlupf schneiden und mit einem Schieber oder einer Klappe verschließbar machen beziehungsweise einen Jutesack davorhängen. Das Dach mit Teerpappe decken, nach der Wetterseite schräg abfallen und so weit überstehen lassen, daß Futter- und Trinknapf darunter geschützt stehen. Im Haus eine oder zwei Raufen für Heu anbringen.

### Überwintern im Freien?

Da Meerschweinchen in den Anden in 4000 m Höhe leben und es dort sehr kalt wird, kann man sie auch hierzulande bedenkenlos im Freien überwintern. Voraussetzung dafür ist, daß Sie die Tiere schon den ganzen Sommer über draußen halten und nicht erst im Oktober ins Freie setzen. Treffen Sie außerdem noch folgende Vorkehrungen:

- Den Stall geschützt gegen Zugluft aufstellen, mit Styropor isolieren und viel Stroh und Heu hineingeben.
- Nachts bei großer Kälte Stall rundum mit Decken zuhängen. Gitter oder Scheibe eventuell mit Styropor bedecken.
- Schlafhäuschen dick mit Heu oder Stroh auspolstern.

**Hinweis:** Neugeborene sollte man besser ins Haus nehmen.

# Das gepflegte Meerschweinchen

Gesunde Meerschweinchen, die sich wohl fühlen, betreiben ausgiebige Körperpflege und halten auch ihr Fell peinlich sauber. Voraussetzung ist, daß Stall oder Käfig regelmäßig gesäubert werden.

## Die Fellpflege

Liebevoll und sanft gekämmt und gebürstet werden mag ein Meerschweinchen sehr gern. Dies dient nicht nur der Sauberkeit und ist eine gute Hautmassage, sondern bedeutet auch Zuwendung. Gleichzeitig haben Sie Gelegenheit, Ungeziefer und Hautkrankheiten rechtzeitig zu erkennen.
Dabei gilt folgendes: Normalhaar- sowie Rosetten-Meerschweinchen brauchen nur während des Haarwechsels die tägliche Fellpflege. Langhaar-Meerschweinchen hingegen müssen täglich gekämmt und gebürstet werden, da ihre Haare bis zu 20 cm und länger sein können. Gewöhnen Sie Ihr Meerschweinchen schon als Jungtier daran, auch wenn sein Haarkleid noch nicht voll entwickelt ist.

**Langhaarige Meerschweinchen müssen täglich gekämmt und gebürstet werden, sonst verfilzt ihr Fell.**

## Fellpflege für Kurzhaar

Normalhaar- und Rosetten-Meerschweinchen brauchen nur während des Fellwechsels, meist im Frühjahr und Herbst, tägliches Durchbürsten mit einer nicht zu harten Bürste (→ Seite 58, Zeichnung 1). Damit werden die alten Haare aus dem Fell herausgelöst.

## Fellpflege für Langhaar

Langhaar-Meerschweinchen müssen täglich gekämmt und gebürstet werden. Das Tier am besten auf den Schoß nehmen mit einem wärmenden Tuch darunter. Immer wieder streicheln, gut zureden und am Ende mit einem Leckerbissen belohnen.

Und so gehen Sie vor: Zuerst mit dem weitzinkigen Kamm das Fell entwirren. Vorher mit Nerzölspray einsprühen, dann ziept es weniger. Dann mit der weichen Bürste bürsten, bis die Haare glänzen. Verklebungen oder Verfilzungen, besonders am Hinterteil, herausschneiden oder mit Entfilzungsshampoo für Katzen (im Zoofachhandel erhältlich) waschen. Danach fönen.

## Haarknoten entfernen

Einen Haarknoten zuerst mit den Fingern in kleine Partien teilen und dann mit einem Stielkamm aufzulösen versuchen. Gelingt das nicht, den Knoten mit Hilfe des Trennmessers aufschneiden. Die Spitze des Trennmessers mit dem Finger führen, damit die Haut des Tiers nicht verletzt wird.

## Baden – ja oder nein?

Im allgemeinen ist Baden nicht notwendig. Nur bei starker Verschmutzung, wie zum Beispiel bei Durchfall, oder

**Krallen, die sich nicht abnützen können, werden zu lang und behindern beim Laufen.**

aus medizinischen Gründen, etwa bei Milbenbefall, kann man die Tiere in lauwarmem Wasser (25 bis 27 °C) baden. Gegen Ungezieferbefall ein Spezialshampoo benutzen, das der Tierarzt verschreibt, sonst genügt ein sehr mildes Baby-Shampoo.

## Waschen und Kämmen

Wenn die langen Haare total mit Sägespänen verfilzt sind, kommen Sie ums Baden nicht herum (→ Zeichnung 2). Am besten, Sie stellen ins Spülbecken eine Schüssel, in der das Tier gerade Platz hat. Mit lauwarmem Wasser füllen, das Meerschweinchen mit einem milden Baby-Shampoo waschen. Kopf nie untertauchen. Sorgfältig spülen, danach das Tier mit einem vorgewärmten Tuch gründlich abtrocknen. Anschließend mit dem weitzinkigen Kamm die Haare kämmen.

Dem Meerschweinchen dabei gut zureden und nie Gewalt anwenden. Mit einem Fön trocknen oder unter eine Rotlichtlampe setzen.

**Hinweis:** Das Tier müssen Sie unbedingt vor Zugluft schützen. Meerschweinchen können nämlich blitzschnell eine Erkältung bekommen.

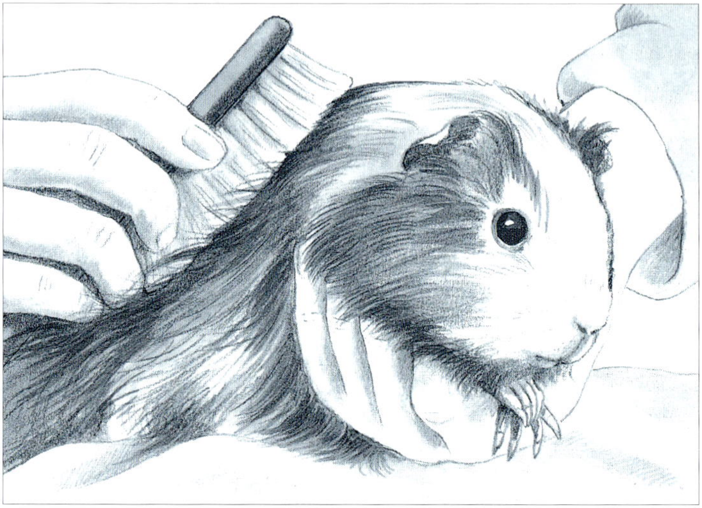

**1 Tägliche Fellpflege für Kurzhaar nur während des Haarwechsels.**

**2 Baden ist nur dann nötig, wenn die Haare total verfilzt sind.**

**3 Den Schnitt so führen, daß er schräg nach unten verläuft.**

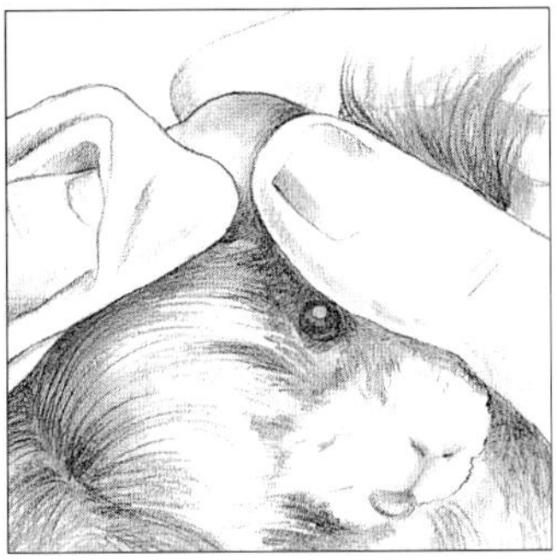

**4 Verschmutzte Ohren mit Papiertaschentuch reinigen.**

## Zu lange Krallen und Zähne

In der freien Wildbahn tritt das Problem kaum auf. Im Käfig hingegen wachsen Krallen und Zähne oft schneller, als sie sich abnützen. Die Krallen rollen sich nach unten oder seitlich ein oder wellen sich nach allen Richtungen. Kontrollieren Sie deswegen regelmäßig Zehen und Krallen und kürzen letztere, wenn nötig (→ nächster Abschnitt).
Auch die Zähne haben die Eigenschaft, ständig weiterzuwachsen. Reichen Sie genügend hartes Futter, zum Beispiel altes Brot, Knabberbrötchen, Nagestangen (beides im Zoofachhandel erhältlich) oder Zweige, damit sich die Zähne abnutzen.

## Krallen schneiden

Bei älteren Meerschweinchen nutzen sich die Krallen oft nicht mehr auf natürliche Weise ab. Sie müssen dann regelmäßig gekürzt werden (→ Zeichnung 3). Lassen Sie sich die notwendigen Handgriffe am besten erst einmal von Ihrem Tierarzt oder Zoofachhändler zeigen, denn Krallenschneiden ist nicht ganz einfach. Man muß unbedingt auf folgendes achten:

- Beim Schneiden die Pfote des Meerschweinchens sanft festhalten und die Haare etwas beiseiteschieben.
- Damit das Horn nicht splittert, können Sie eine Spezialzange benutzen (im Zoofachhandel erhältlich). Aber bei richtiger Schnittführung genügt auch eine normale Nagelzange.
- Innerhalb der Krallen verlaufen zusammen mit den Nervenenden Blutgefäße, das sogenannte Leben. Wenn sie verletzt werden, tut das dem Meerschweinchen weh und führt zu Blutungen. Schneiden Sie kurz vor dem »Leben« und zwar schräg nach unten. So ist der Schnitt dem Krallenprofil angepaßt.
- Kürzen Sie vorsichtshalber nicht zu stark. Wenn es doch

blutet, einen Wattebausch mit Desinfektionsmittel auf die Stelle pressen.

■ Bei dunklen Krallen ist das »Leben« nur sehr schlecht oder gar nicht zu erkennen. Arbeiten Sie am besten zu zweit: Der eine hält das Meerschweinchen und leuchtet von unten mit einem Punktstrahler (Kugelschreiber-Taschenlampe) gegen die Krallen. Der andere schneidet.

## Augen reinigen

Leichte Verkrustungen in den Augenwinkeln entfernen Sie mit einem angefeuchteten, weichen Papiertaschentuch. Dabei immer von außen nach innen wischen.
Plötzlicher, reichlicher Tränenfluß deutet auf Entzündung oder Verletzung hin. Gehen Sie damit zum Tierarzt.

## Ohren säubern

Auch die Ohren sollten Sie regelmäßig kontrollieren. Befreien Sie, wenn nötig, die Ohrmuschel vorsichtig mit einem Papiertaschentuch von Staub und Schmutz (→ Zeichnung 4, Seite 59).
**Achtung:** Auf keinen Fall mit Wattestäbchen reinigen.
Unsaubere, übelriechende Ohren können von Ohrmilben

**Selten wird man beobachten, daß die Mutter ihr Junges ableckt. Das besorgt das Kleine von ganz allein.**

**Zwei bis drei Wochen bleibt das Junge in der Nähe der Mutter und wird von ihr in dieser Zeit gesäugt.**

## TIP

**Das Fell von Langhaarrassen verfilzt sich sehr schnell mit Sägespänen. Am besten nehmen Sie diese als Untergrundstreu und legen darüber eine dicke Schicht Stroh oder Heu. Wenn sich dennoch Filzknoten bilden, was immer wieder vorkommt, sollten Sie die Haare auf Bodenlänge kürzen. Möchten Sie sie sehr lang wachsen lassen, bleibt nichts anderes übrig, als die Haare auf Papierwickler aufzurollen.**

befallen sein. Man erkennt die Krankheit daran, daß das Meerschweinchen seinen Kopf zu der Seite des erkrankten Ohrs neigt. Gehen Sie in diesem Fall umgehend zum Tierarzt (→ Seite 76).

### Gebißfehlstellung

Sie ist bei Meerschweinchen leider häufig angeboren. Die Schneidezähne stehen so, daß sie sich beim Nagen nicht aneinanderreiben. Dadurch nützen sie sich nicht ab und wachsen unaufhaltsam. Auch die Backenzähne beißen manchmal nicht richtig aufeinander und behindern das Tier am Ende sogar beim Fressen. Regelmäßiges Kürzen, das der Tierarzt vornehmen sollte, ist dann alle zwei bis drei Monate notwendig.

### Ein sauberes Meerschweinchen-Heim

Wer ein Meerschweinchen hält, muß auch dafür sorgen, daß es sauber und ordentlich wohnt. In einem Käfig, in dem vergammeltes Stroh, Urin, Kot und vor sich hin faulende Essensreste ein unappetitliches Einerlei bilden, fühlen sich nur Bakterien und Parasiten sauwohl. Das Vorurteil, Meerschweinchen stinken, fände hiermit zwar seine Bestätigung, aber ankreiden darf man es den armen Tieren nicht, denn die Schuld liegt eindeutig beim Menschen. Die regelmäßige und sorgfältige Reinigung von Käfig und Zubehör darf also nicht vernachlässigt werden.

Täglich müssen Trinkautomat und Futtergefäße gereinigt werden:

- Gefäße mit kochendheißem Wasser auswaschen. Kein Spülmittel verwenden.
- Nippeltränke ebenfalls mit heißem Wasser säubern. Da man mit der Flaschenbürste nur sehr schwer in alle Ecken kommt, folgenden Trick anwenden: Flasche halbvoll mit Wasser füllen und 2–3 Blatt Küchenpapier hineinstopfen. Durch Schütteln entsteht ein Papierbrei, der die Flasche gut säubert. Anschließend Brei wegschütten und Flasche ein paarmal ausspülen.
- Nippeltränke mit zimmerwarmem Wasser füllen. Eiskaltes Wasser führt beim Meerschweinchen zu Verdauungsstörungen.

Einmal in der Woche wird der Käfig gesäubert:

- Einstreu in die Tonne für kompostierbare Abfälle geben (wenn vorhanden). Katzenstreu kommt in die Mülltonne. Gartenbesitzer können Sägespäne oder Stroh auf ihren Komposthaufen werfen. Meerschweinchenkot verrottet sehr gut. Torf läßt sich sogar direkt aufs Beet ausbringen. Bei größeren Mengen sich an einen Bauern oder Reitstall wenden, ob sie den Mist abnehmen wollen.
- Bodenschale mit heißem Wasser und einem Allzweckreiniger schrubben.

**Hinweis:** Urinstein löst man am besten mit Essig- oder Zitronensäure und entfernt ihn dann mit Spachtel oder

**Das Gesicht putzen sich Meerschweinchen nur mit der Innenkante der Hände, nie mit der ganzen Handfläche.**

## Sind Meerschweinchen kluge Tiere?

Du wirst ihnen nicht beibringen können, Rechenaufgaben zu lösen, wozu angeblich jeder Esel in der Lage sein soll. Dafür gehen Meerschweinchen sehr lieb miteinander um und sie unterstützen sich gegenseitig. Mir wurde von zwei Meerschweinchen berichtet, die ganz fest zusammenhalfen, um aus ihrem Freigehege zu entwischen. In einer gemeinsamen Aktion rückten sie zwei Kisten auseinander, die den Ausgang versperrten. Eines allein hätte das mit Sicherheit nie geschafft.

Bürste. Danach sehr sorgfältig ausspülen, damit es zu keinen Hautverätzungen beim Meerschweinchen kommt. Gut trocken wischen und frische Einstreu einfüllen.

Einmal im Monat sollten Sie das Gitteroberteil mit heißem Wasser in der Badewanne abbrausen. Sonst natürlich auch, wenn es notwendig ist.

Einmal im Jahr können Sie den Käfig zur Vorbeugung desinfizieren. Als mildes Desinfektionsmittel empfiehlt sich der aus Orangenöl hergestellte Universalreiniger Oranex (in Naturläden erhältlich). Er wird unverdünnt oder leicht verdünnt verwendet, ist preiswert, riecht angenehm und schadet den Tieren erfahrungsgemäß nicht. Wenn Sie wegen eines Krankheitsfalls desinfizieren müssen, lassen Sie sich vom Tierarzt beraten.

### Pflegetips bei trächtigen Meerschweinchen

Daß Ihr Meerschweinchen Mutter wird, fällt in den ersten 4 Wochen so gut wie gar nicht auf (→ Seite 83). Wenn das Weibchen also ohne Ihr Wissen gedeckt wurde, ist es etwas schwierig, sich besonders darauf einzustellen. Das muß Sie aber nicht sonderlich beunruhigen, denn ein trächtiges Tier braucht im Grunde keine Extrabehandlung. Dennoch empfiehlt es sich, folgendes zu beachten:

- Seien Sie vorsichtig beim Hochnehmen und Tragen. Besser noch Sie vermeiden es, das Tier herumzutragen.
- Schärfen Sie auch Ihrem Kind ein, daß es seinen Liebling in diesen Wochen nicht drücken und knuddeln darf, sondern nur sanft streicheln.
- Geben Sie viel vitaminreiches Grünfutter oder setzen Sie dem Futter Vitamine zu.
- Den täglichen Auslauf in der Wohnung oder im Garten auf keinen Fall streichen, denn selbst hochschwangere Tiere rennen noch gern herum. Nur gehetzt wollen sie nicht werden, zum Beispiel beim Einfangen.
- Trennen Sie das Weibchen kurz vor dem Geburtstermin vom Männchen. Es kann nämlich bereits 12 Stunden danach schon wieder gedeckt werden. Außerdem lenkt das Männchen durch seine Zudringlichkeit das Weibchen von den Jungen womöglich so ab, daß es sich nicht genügend um deren Pflege kümmern kann (→ Werbung und Paarung, Seite 82).

# Gesunde Ernährung

Meerschweinchen »mäkeln« nicht am Essen herum. Sie sind anspruchslos und können schnell an bestimmte Futtersorten gewöhnt werden. Nur Zwiebeln und Kartoffeln mögen sie überhaupt nicht.

## Grundnahrung Heu

Das »tägliche Brot« unserer Meerschweinchen ist Heu. Im Winter könnten sie sogar ausschließlich von Heu und Wasser leben, wenn kein frisches Grünzeug zu bekommen ist. Im Zoofachhandel gibt es Heu in kleineren Beuteln abgepackt. Größere Mengen lohnen sich beim Bauern zu kaufen. Brennesselheu ist das beste und kann leicht selbst gesammelt werden.
Beachten Sie beim Kauf: Hochwertiges Heu riecht aromatisch und ist leicht grünlich. Grummet ist die Bezeichnung für das Heu vom zweiten Schnitt. Altes, gelbliches, fauliges oder schimmeliges Heu ist minderwertig beziehungsweise schädlich.

## Grün- und Saftfutter

Frische Futterpflanzen, Gemüse und Obst haben nicht nur einen hohen Nährstoffgehalt, sie sind auch reich an Eiweiß, Kalzium und Vitamin C, das dem Meerschweinchen als einzigem Nager zugeführt werden muß.
Zum Sammeln eignen sich unter anderem Ackerschachtelhalm, Löwenzahn, Gras, Huflattich, Schafgarbe, Spitzwegerich und Luzerne. Klee bläht sehr stark, deswegen nur ganz wenig reichen.
**Hinweis:** Pflanzen nicht dort pflücken, wo viele Autos fahren oder Hunde ausgeführt werden, und nur solche sammeln, die man genau kennt!
Aus Küche und Garten: Äpfel, Bananen, Erdbeeren, Kiwi, Melone, Weintrauben, die meisten Salatsorten (→ Seite 67), Karotten, Paprika, Petersilie und vieles mehr. Auch Zitrusfrüchte und Steinobst wegen ihres hohen Vitamin-C-Gehaltes, aber nur wenig. Kopfsalat ist sehr nitratbelastet, Kohl und Birnen blähen. Giftig sind Kartoffelkeime und rohe Bohnen.

## Fertigmischfutter

Es enthält Getreide, Haferflocken, Mais, Erdnüsse, Sonnenblumenkerne sowie vitaminisiertes und mineralisiertes Preßheu (Pellets), das sich auch für ein bis zwei Tage als Alleinfutter eignet.

Gras oder Salat lassen sich in einer Schale ansäen. Dann gibt es für Meerschweinchen immer gesunde, frische Kost.

Ein bis zwei Eßlöffel täglich, jedoch höchstens 10 bis 20 g, da das Tier sonst leicht zu fett wird. Wenn es gleichzeitig viel Grünzeug futtert, kann sogar noch weniger Kraftfutter gereicht werden.

**Knabberkost**
Meerschweinchen brauchen viel zum Nagen, damit sich die andauernd nachwachsenden Zähne genügend abnützen (→ Seite 59). Im Zoofachhandel wird eine Vielfalt von Knabberkost angeboten. Hartes Brot ohne Konservierungsstoffe, das nicht angeschimmelt oder gesalzen sein darf, sowie junge Triebe und Zweige von Birke, Weide oder Obstbäumen (nicht gespritzt!) eignen sich ebenfalls.

**Trinkwasser ist wichtig**
Meerschweinchen sollten in ihrer Trinkflasche immer Wasser haben, damit sie selbst entscheiden können, wann und wieviel sie trinken. Abgestandenes Leitungswasser ist besser als frisches. Sehr gechlortes Wasser abkochen oder Mineralwasser reichen. Milch, selbst verdünnt, dürfen Meerschweinchen nicht trinken, da sie Durchfall verursacht. Kamillentee mögen sie ganz gern.

**Vitamine und Mineralien**
Vitaminpräparate gibt es im Zoofachhandel. Bei gesunder, besonders Vitamin-C-haltiger Nahrung sind sie nicht unbedingt notwendig. Im Winter ist eine zusätzliche Vitamingabe angezeigt, da in dieser Zeit im Gemüse und Obst wenig natürliche Vitamine enthalten sind.

**Wie füttern Sie richtig?**
■ Füttern Sie zweimal am Tag und immer zur gleichen Zeit. Meerschweinchen gewöhnen sich schnell daran.
■ Geben Sie nie zuviel auf einmal. Was nach einer Stunde nicht aufgefressen ist, sollten Sie aus dem Käfig nehmen (mit Ausnahme von Heu).
■ Unbekanntes Grün- und Saftfutter kann zu Verdauungsstörungen (Durchfall) führen. Deswegen den Vorbesitzer (Züchter, Zoofachhändler) fragen, an welches Futter das Tier gewöhnt ist.
■ Nur frisches Futter ist auch wirklich gut. Grünzeug, Gemüse und

**Obst sollte gut abgewaschen, aber nicht geschält werden, da unter der Schale die meisten Vitamine sind.**

**Heu ist Meerschweinchens »täglich Brot«. Deswegen muß immer eine Tagesration vorhanden sein.**

Obst dürfen nicht welk, verfault oder verschimmelt sein.

■ Heu und frisches Grünzeug gehören immer in die Raufe. Wenn Sie keine haben, füllen Sie ein Einkaufsnetz damit und hängen es ans Gitter. Nicht einfach auf den Boden des Käfigs werfen. Dort wird das Futter von Kot und Urin verschmutzt.

■ Obst, Gurken und Tomaten gut abwaschen, aber nicht schälen, da unter der Schale die meisten Vitamine sind. Paprika besser schälen, da die Schale schlecht zu kauen ist. Gewaschenes Gemüse gut abtropfen lassen. Auch Gemüse- und Obstschalen, die in der Küche abfallen, waschen und gut abtrocknen.

■ Salat, vor allem Kopfsalat, wegen der vielen Schadstoffe waschen. Gut trocknen, zum Beispiel im Handtuch oder in einer Salatschleuder. Nasser Salat ist fast noch schädlicher als ungewaschener.

**Vorsicht:** An Salat muß das Meerschweinchen unbedingt gewöhnt sein.

■ Nichts direkt aus dem Kühlschrank verfüttern. Das Tier kann sich an kaltem Futter den Magen verderben.

■ Den Trinkautomaten zweimal wöchentlich mit etwas abgestandenem Wasser neu füllen. Falls das Meerschweinchen nicht weiß, wie es ans Wasser kommt, stupsen Sie es mit der Schnauze leicht an das Trinkröhrchen. Es wird bald wissen, wie es funktioniert

■ Legen Sie hin und wieder einen Weiden- oder Obstbaumzweig (ungespritzt) oder altes Brot zum Benagen und Beknabbern in den Käfig.

■ Meerschweinchen fressen gern aus der Hand und lassen sich dabei streicheln.

## Diät für Dicke

Ganz wichtig ist die regelmäßige Bewegung, damit Ihr Meerschweinchen vital und gesund bleibt. Hat das Meerschweinchen Speck angesetzt, sollten Sie es auf Diät setzen. Dicke Tiere werden träge und anfällig für Krankheiten. Lassen Sie Belohnungsfutter und Leckereien weg, und bleiben Sie konsequent, auch wenn Ihr Liebling noch so quiekt und bettelt. Nur mehr 40 bis 60 g Saftfutter pro Tag reichen und Kraft- und Körnerfutter auf 20 g pro Woche(!) reduzieren. Statt Brot nur ungespritzte Zweige zum Knabbern geben und viel im Zimmer laufen lassen. Heu und Stroh können hingegen in unbegrenzter Menge zur Verfügung stehen. Bieten Sie dazu viel frisches Wasser an, möglichst mit Vitamintropfen angereichert.

**Hinweis:** Bei extremem Übergewicht sollten Sie das Tier besser vom Tierarzt untersuchen lassen (→ Seite 76).

**Die originelle Futteraufhängung sorgt für Abwechslung im Käfig und hält gleichzeitig die Meerschweinchen fit.**

**Zur Tabelle: Bei der Zusammenstellung des Futters auf eine ausgewogene Mischung achten. Die folgenden Tips sind Vorschläge. Probieren Sie aus, was Ihr Tier verträgt.**

# Fütterungsplan

| | Futter und Menge | |
|---|---|---|
| **Tag und Zeit** | **morgens** | **nachmittags/früher Abend** |
| **Montag** | 20 g Fertigmischfutter (1–2 Eßlöffel) 1– 2 Salatblätter, 1 kleine Karotte, 1 Apfelviertel | 1 Raufe voll frisches Gras und Klee |
| **Dienstag** | 20 g Fertigmischfutter 1–2 Salatblätter, 1 dicke Gurkenscheibe, 1 Kiwiviertel | 1 Raufe voll Löwenzahnblätter |
| **Mittwoch** | 20 g Fertigmischfutter 1–2 Salatblätter, 2 Röschen Broccoli, 1 Apfelviertel | 1 Raufe voll junge Brennesseln |
| **Donnerstag** | 20 g Fertigmischfutter 1–2 Salatblätter, 1 Paprikaschnitz, 1 Tomatenviertel, 1 Orangenspalte | 1 Raufe voll frisches Gras und Klee |
| **Freitag** | 20 g Fertigmischfutter 1–2 Salatblätter, 1 Stück rote Bete, 1 Apfelviertel | 1 Raufe voll Gras und Kräuter |
| **Samstag** | 20 g Fertigmischfutter 2–3 Stengel Petersilie, 1 dicke Zucchinischeibe, 1 Melonenspalte | 1 Raufe voll Ackerschachtelhalm, Huflattich und andere Pflanzen |
| **Sonntag** | 20 g Fertigmischfutter 1–2 Salatblätter, 1 Kohlblatt, 1 halbe Karotte, 1 Gurkenscheibe | 1 Raufe voll Gras und Wildkräuter |
| **Täglich** | Die Menge Heu in die Raufe geben, die das Meerschweinchen innerhalb eines Tages frißt. | |
| **Einmal pro Woche** | 15 g altes, steinhartes Brot oder Knabberstange 1 Obstbaumzweig und im Herbst trockenes Laub | |

# Gesundheitsvorsorge und Krankheiten

Meerschweinchen sind von Natur aus robuste Tiere. Werden sie richtig gehalten und gefüttert, haben sie zudem viel Bewegung, dann ist dies die beste Vorbeugung gegen Krankheiten.

## Gesund durch richtige Ernährung und Pflege

Aufgrund seines speziellen Verdauungssystems ist das Meerschweinchen auf rohfaserreiche Nahrung angewiesen, die aus einer Vielzahl von Pflanzen und Kräutern zusammengesetzt sein muß (→ Seite 64). Diese Nahrung sollte dem Tier das ganze Jahr über zur Verfügung stehen.

In verschmutzter Umgebung entstehen leicht Krankheitserreger, die dann sowohl das Meerschweinchen als auch andere Heimtiere sowie den Menschen infizieren können. Für das Wohlergehen Ihres Lieblings ist es deshalb ganz wichtig, Käfig, Zubehör und Futternäpfe regelmäßig zu reinigen (→ Seite 61). Waschen Sie sich nach jeder Versorgung und Berührung die Hände, und bringen Sie das auch Ihrem Kind bei. Grundsätzlich sollte kein Tier geküßt oder an die unbedeckte Haut gedrückt werden.

## Gesundheitliche Probleme für den Menschen

Allergien: Wenn Allergiebereitschaft vorliegt, kann es beim Umgang mit dem Meerschweinchen zu einer Sensibilisierung dieser Veranlagung kommen. Bei allergischen Reaktionen (Juckreiz, Hautrötung) sofort den Facharzt aufsuchen.

Zoonosen: Krankheiten, die vom Tier auf den Menschen übertragen werden können, treten beim Meerschweinchen mit Ausnahme von Hautkrankheiten nur selten auf. Im Zweifelsfall zum Tierarzt gehen und Rücksprache mit Ihrem Arzt halten.

Pilzerkrankungen: Mikrosporie und Trichophytie äußern sich bei Tier und Mensch in typischen, oft kreisrunden Hautrötungen mit starkem Juckreiz und Haarausfall. Dann muß das Meerschweinchen zum Tierarzt, der Mensch zum Hautarzt.

Räudemilben: Sie treten infolge schlechter Haltungsbedingungen relativ häufig auf. Durch direkten Hautkontakt können sie beim Menschen pustelförmigen Hautausschlag mit Juckreiz hervorrufen.

**Meerschweinchen leben am liebsten in der Gemeinschaft. Einzelhaltung könnte sie krank machen.**

**Ein Tier, das zur Begrüßung nicht quiekt und lustlos herumsitzt, hat vielleicht Langeweile oder zu wenig Zuwendung.**

**Aufgrund seines speziellen Verdauungssystems brauchen Meerschweinchen rohfaserreiche Pflanzennahrung.**

Salmonellose: Infektionen bei Meerschweinchen relativ häufig. Es kann zur Ansteckung vor allem bei Kindern kommen.
Lymphozitäre Choriomeningitis (LCM): Meerschweinchen wurden bisher als Überträger nicht festgestellt.

### Erste Krankheitsanzeichen

Wenn Sie sich regelmäßig mit Ihrem Tier beschäftigen, wird Ihnen eine Veränderung im Verhalten und Aussehen sofort auffallen. Sobald das Meerschweinchen nicht mehr aufgeregt quiekt, wenn Sie ihm Futter bringen, sondern teilnahmslos in einer Ecke hockt, mit glanzlosen Augen und gekrümmtem Rücken, dann ist etwas nicht in Ordnung. Ist noch dazu das Fell struppig und stumpf, und verliert das Tier mehr Haare als gewöhnlich, kratzt es sich ständig, atmet es stoßweise oder zeigt sonstige auffällige Verhaltensweisen, sind das erste Anzeichen einer möglichen Krankheit.
Dabei ist zu beachten, daß die kleinen Nager nur über ein geringes mimisches Ausdrucksvermögen verfügen und mög-

**TIP**

**Auch unter Meerschweinchen gibt es Starke und Schwache. Einem schwächeren Tier können Sie helfen, indem Sie ihm Grünfutter mit Kräutern, Vitamine, Haferflocken und Weizenkeime geben und vom Tierarzt eine Aufbauspritze verabreichen lassen. Frische Luft tut ihm gut, erkälten darf es sich jedoch auf keinen Fall, und zur Zucht sollte es möglichst nicht eingesetzt werden.**

**Bei Verstopfung sollte das Meerschweinchen ein paar Tage kein Körnerfutter fressen.**

liche Krankheitszustände relativ spät erkennen lassen. Dieses Verhalten ist sogar ein Teil ihrer Überlebensstrategie in der Natur, um im Rudel nicht sofort als krank ausgegrenzt zu werden. Es kann also durchaus sein, daß ein Meerschweinchen schon länger krank ist und dann rasch tierärztliche Hilfe braucht. Im Zweifelsfall also immer gleich zum Tierarzt gehen.

## Leichte Gesundheitsstörungen

Leichtere Gesundheitsstörungen lassen sich oft beheben, wenn Sie sofort etwas dagegen tun. Hier einige Ratschläge, wie Sie Ihrem Meerschweinchen zunächst selber helfen können.

Leichter Durchfall: Er ist an schmierig-ungeformter Kotbeschaffenheit und heller -farbe zu erkennen. Das Allgemeinbefinden des Tiers ist dabei gut. Zunächst Saftfutter und Grünzeug weglassen, stattdessen Heu und lauwarmen Kamillen- oder Fencheltee als Getränk anbieten. Dazu Weidenzweige und geriebene Möhren. Für trockene und von unten wärmende Einstreu sorgen (Haferstroh oder Heu). Wenn der Kot spätestens nach zwei Tagen noch nicht fest ist, zum Tierarzt gehen.

Kotabsatzbeschwerden: Nachsehen, ob vielleicht die sogenannte Perinealtasche um den After mit Kot angeschoppt ist. Wenn ja, durch vorsichtiges Ausdrücken und mit Hilfe eines angefeuchteten Wattestäbchens entleeren. Im Falle von kleinen, harten Kotbällchen als erstes Trinkflasche überprüfen, ob sie richtig funktioniert. Häufig ist einfach Wassermangel schuld! Körnerfutter für ein paar Tage absetzen, Gurke und Melone anbieten, dazu 3 mal täglich 1 Eßlöffel Sauerkrautsaft aus dem Reformhaus in die seitliche Backentasche spritzen (mit einer Einwegspritze ohne Nadel). Wiederholt mit kreisenden Fingerbewegungen den Bauch des Tiers massieren. Brennesselheu, Sauerampfer und Löwenzahnblätter wirken ebenfalls unterstützend. Wenn sich nach 24 Stunden keine Besserung einstellt, den Tierarzt zu Rate ziehen.

Reizschnupfen: Beseitigen Sie mögliche Ursachen, zum Beispiel staubiges Heu oder ätzende Putzmittel, die Gase entwickeln.

## Checkliste für Störungen und Krankheiten

| Das fällt auf | Mögliche Ursachen, die Sie leicht selbst abstellen können |
|---|---|
| Sitzt lustlos herum, quiekt nicht zur Begrüßung | Langeweile, Fehlen eines Sozialpartners, zu wenig Zuwendung, falsches Käfiginventar, kein Auslauf |
| Frißt nicht | Ungeeignetes und verdorbenes Futter, Wassermangel, zu niedrige oder zu hohe Umgebungstemperatur, Zugluft, durchnäßte Einstreu |
| Speicheln, Fellverklebungen im Unterkieferbereich | Mangelhafter Zahnabrieb – vorbeugend Nagematerial (→ Seite 66) |
| Durchfall | Plötzlicher Futterwechsel, verdorbenes oder zu kaltes Futter, abgestandenes oder zu kaltes Wasser, zu kühle oder zu feuchte Haltung |
| Pressen ohne Absetzen von Kot oder Urin | Bewegungsmangel, defekte Trinkflasche, plötzlicher Übergang von Grün- auf ausschließliche Trockenfütterung |
| Niesen, Husten | Zugluft, Reizung durch Einstreu (z. B. Torf), ätzende Putzmittel, staubiges oder schlecht gewordenes Heu |
| Tränende Augen, gerötete, eventuell geschwollene Lider, wäßriger bis eitriger Ausfluß | Reizung durch Staub oder Fremdkörper, Verletzung durch Kratzen, in die Lidspalte hineinragende Haare (Langhaarmeerschweinchen) |
| Beschleunigte Atmung | Überhitzung, Angst, Streß |
| Vermehrtes Kratzen | Unsaubere Haltung, schlechte Fellpflege (Verfilzungen) |
| Lahmen | Zu lange Krallen, falsche Einstreu (zum Beispiel Katzenstreu) |
| Leichte Blutungen | Oberflächliche Hautwunden |
| Kahle Stellen im Fell | Vitaminmangel infolge einseitiger Ernährung, Fellbeißen durch Rauhfuttermangel |

| Alarmzeichen, wenn diese Symptome hinzukommen | Mögliche Diagnose und sofortige Behandlung durch den Tierarzt |
|---|---|
| Apathie, Appetitlosigkeit, Durchfall, Abmagern, gesträubtes Haarkleid | Schwere Verdauungsstörung oder infektiöse Ursachen |
| Übelriechende Durchfälle, manchmal mit Blutbeimengungen, Aufkrümmen des Rückens, Apathie, verklebte Nasenöffnungen | Vergiftung, Darminfektion (Salmonellose, Kokzidiose), Kotprobe mitbringen, Tier isolieren |
| Hautrötung, Haarausfall, Krusten um die Mundspalte, keine Futteraufnahme | Zahnfehler, Verletzungen der Mundschleimhaut, Vitamin C-Mangel, Virusinfektion |
| Fehlende Nahrungsaufnahme, verliert an Kräften, tiefliegende Augen, Apathie, Kümmern, Abmagern | Dysbakterien, Darmkokzidiose, Futtertoxikation, Darmentzündung, Austrocknung |
| Erhöhte Temperatur, Nachziehen der Hinterläufe, Krämpfe, Atembeschwerden | Verstopfung, Harnflußstörung, Harnwegsinfekte, Meerschweinchenlähme |
| Apathie, Atemnot, Nasenausfluß, Gewichtsverlust | Ansteckender Schnupfen, Bronchitis, Bronchopneumie (Infektionskrankheiten) – Tier sofort von den anderen isolieren |
| Lichtscheu, Bindehautrötung, Hornhauttrübung, stark hervortretende Augen | Bindehautentzündung, Hornhautgeschwür, Glaukom |
| Backenblasen, Flankenatmung, Blaufärbung der Schleimhäute | Hitzschlag, Schock, sofort zum Tierarzt |
| Verklebte Haare, schmierige oder borkige Beläge, Kratzen in Verbindung mit Krämpfen, Kopfschiefhaltung | Meerschweinchenräude, Hautpilzinfektion, Gehörgangsentzündung |
| Bewegungsunlust, Nichtbelasten einer Extremität, Nachziehen der Hinterläufe, Gleichgewichtsstörungen | Sohlenballenentzündung, Muskelzerrung, Knochenbruch, Wirbelsäulenverletzung, Schädeltrauma, Entzündung im Innenohr |
| Krämpfe, Selbstverletzung durch Bisse | Meerschweinchenräude |
| Kreisrunde, haarlose Stellen, beidseitig symmetrischer Haarausfall | Mangelerkrankungen, Mykosen, Hormonstörung |

# Das kranke Meerschweinchen

Meerschweinchen können weder durch ihre Mimik noch ihre Stimme Schmerzen äußern. Aus ihrem Verhalten lassen sich über die Schwere der Krankheit also wenig Rückschlüsse ziehen. Schieben Sie deshalb den Gang zum Tierarzt nicht lange hinaus.

## Der Gang zum Tierarzt

Am besten bringen Sie das Tier in einem gut verschlossenen Körbchen oder einem Tier-Transportbehälter in die Praxis (→ Zeichnung 1).

Um den Tierarzt bei seiner Diagnose zu unterstützen, ist es hilfreich, über folgende Punkte Bescheid zu wissen:

- Woher stammt das Tier? Seit wann besitzen Sie es? Wie alt ist es? Was füttern Sie? Wurde in letzter Zeit das Futter gewechselt? Sind Kot und Urin verändert (Proben mitbringen)? Wie ist das Umfeld (Käfig, Standort, Inventar, Auslauf usw.)? Welche Verhaltensveränderungen wurden wann erstmals bemerkt? Bestand Kontakt zu anderen Heimtieren?

## Pflegetips

Unterbringung: Das Tier vorsorglich getrennt von anderen Meerschweinchen in einem

**1 In diesem Transportbehälter fühlt sich das kranke Tier sicher.**

**2 Salbe am besten mit einem Wattestäbchen auftragen.**

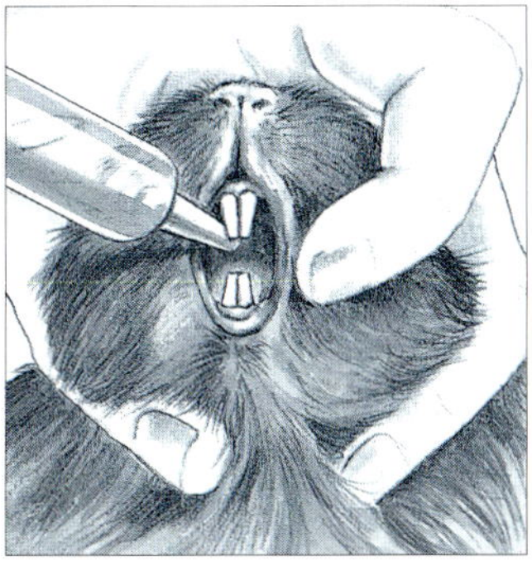

**3 Wasser langsam einträufeln.**

**4 Augenwinkel betupfen.**

**5 After von Kot reinigen.**

Einzelkäfig halten. Bei ansteckenden Krankheiten häufig Einstreu wechseln. Käfig und Zubehör desinfizieren.
Standort: Zugfreier, angenehm temperierter, ruhiger und nicht zu heller Raum.
Trinken: Das kranke Tier muß auf jeden Fall Flüssigkeit zu sich nehmen, sonst trocknet es aus. Wasser oder Tee mit Hilfe einer Einwegspritze (ohne Nadel) langsam in die seitliche Backentasche einträufeln. Immer wieder absetzen und das Tier nach hinten mümmeln lassen (→ Zeichnung 3).
Salbe auftragen: Bei kleineren Verletzungen Fell im Umkreis der Wunde vorsichtig wegschneiden. Wunde erst mit Kamillentee reinigen und dann Ringelblumen- *(Calendula)* oder Traumeelsalbe auftragen, bis sie eingezogen ist (→ Zeichnung 2).
Augenbehandlung: Bei geschwollenen Bindehäuten vorsichtig den Augenwinkel drei- bis viermal täglich mit Euphrasia (10 Tropfen auf ein Glas warmes Wasser) betupfen (→ Zeichnung 4). Das Tier während der Krankheit bei abgedämpftem Licht halten.
Sauber halten: Bei Durchfall verklebtes Fell feucht abwischen (→ Zeichnung 5).

## Einschläfern

Wenn das Meerschweinchen an einer schmerzhaften und unheilbaren Krankheit leidet, ist es manchmal unumgänglich, das Tier einzuschläfern. Doch da gerade bei älteren Meerschweinchen Krankheiten und Behinderungen sich erst allmählich entwickeln, gewöhnt sich das Tier mit der Zeit an diesen Zustand und leidet nicht unbedingt große Schmerzen. Sie müssen also zusammen mit dem Tierarzt, entscheiden, ob Einschläfern tatsächlich notwendig ist.
Besonders ein Kind will oft nicht einsehen, daß es von seinem geliebten Spielkameraden Abschied nehmen muß. Es liegt an Ihnen, wie Sie Ihrem Kind das Thema Tod begreiflich machen.
Manchmal kümmert auch ein »hinterbliebenes« Meerschweinchen dahin, weil es den Verlust eines Partners nicht verkraftet. Dem Tier einen neuen Partner zuzugesellen hat sich oft als eine gute Lösung erwiesen. Gehen Sie aber behutsam bei der Aneinandergewöhnung vor (→ Seite 101).

# Meerschweinchen gezielt züchten

Meerschweinchen bescheren ihrem Besitzer mit Leichtigkeit Nachwuchs. Das Züchten von Rassemeerschweinchen bringt dem Tierliebhaber also eine Menge Freude und Abwechslung, aber auch viel Arbeit.

## Die Zucht mit Rassemeerschweinchen

Wer eine Zucht beginnen will, braucht genaue Kenntnisse über die Vererbungsregeln sowie die genetischen Formeln der einzelnen Rassemerkmale. Darauf näher einzugehen, würde allerdings den Rahmen unseres Buchs sprengen. Hinweise auf die entsprechende Literatur finden Sie auf der Seite 125.

Ziel eines guten Züchters ist es, sowohl gesunde als auch schöne Tiere zu bekommen. Schön bedeutet beim Meerschweinchen, daß es so genau wie möglich den Richtlinien entspricht, die für die verschiedenen Rassen in einem Standard festgelegt sind (→ Seite 32). Ein Züchter will ja in erster Linie seine Tiere auf Ausstellungen zeigen und bewerten lassen. Dazu führt er ein Zuchtbuch und spezialisiert sich auf ganz bestimmte Haar- und Farbmerkmale.

## Die Auswahl der Elterntiere

Beide Elterntiere müssen gesund und kräftig sein und das richtige Alter haben.

Weibchen dürfen erst mit vier bis sechs Monaten zur Zucht eingesetzt werden. Bei einer zu frühen Trächtigkeit sterben sie häufig bei der Geburt, haben Totgeburten, oder die Jungen müssen beim ersten Wurf mit Kaiserschnitt geholt werden. Älter als ein Jahr sollten sie bei ihrem ersten Wurf jedoch nicht sein, da sie sonst nicht mehr aufnehmen und häufig Früh- oder Totgeburten haben. Züchten kann man mit weiblichen Tieren bis zu einem Alter von vier bis fünf Jahren.

Männchen können mit sechs bis sieben Monaten zur Zucht eingesetzt werden. Mit sechs Jahren sollte man sie dann wieder herausnehmen. Gewöhnlich regelt sich das sowieso von ganz allein. Im übrigen hat das Alter des Männchens keinen Einfluß auf den Gesundheitszustand des Nachwuchses. Bei vererbbaren Mißbildungen, zum Beispiel Gebißfehlstellungen, die sich oft erst später zeigen, sollte das Männchen jedoch sofort aus der Zucht genommen werden.

**Eine Meerschweinchen-Mutter hat nur zwei Zitzen. Doch die Kleinen streiten sich nicht um die Milchquelle.**

**Alle 14 bis 18 Tage ist das Weibchen zur Paarung bereit. Davor muß das Männchen ausdauernd werben.**

## Linienzucht

Bei Meerschweinchen wird von der Linienzucht Gebrauch gemacht. Dabei wird die Mutter mit dem kräftigsten Sohn, der Vater mit der idealsten Tochter gepaart. Ziel ist es, Eigenschaften wie Größe, Farbe, Haarlänge, aber auch Körperbau, Konstitution, Widerstandskraft und lange Lebensdauer herauszuzüchten. Bei Tieren mit gleichen Eigenschaften, zum Beispiel aus einer Familie, läßt sich ein bestimmtes Zuchtziel schnell erreichen. Daß dabei oft auch unerwünschte Eigenschaften weitervererbt werden, liegt in der Natur der Sache. Grundsätzlich müssen Sie auf folgendes achten:

- Keine Geschwister miteinander verpaaren.
- Eine Verpaarung von Halbgeschwistern kann durchgeführt werden, wenn die Eltern keine Vererbungsschäden wie Mißbildungen oder Krankheitsanfälligkeit aufweisen. Um verdeckte Schäden durch Inzucht auszuschließen, besser nur Halbgeschwister kreuzen, bei denen Sie die Eltern und Großeltern selbst gezüchtet beziehungsweise einen Nachweis über deren Stammbaum haben.

**Die Geburt ist völlig unproblematisch. Sobald ein Junges saubergeleckt ist, meldet sich schon das nächste.**

Bei Meerschweinchen aus dem Zoofachhandel ist das meistens nicht möglich. Das Risiko sollten Sie also nicht eingehen.

- Inzucht nur über zwei Generationen betreiben. Es besteht sonst die Gefahr, daß sich Mißbildungen etablieren, zum Beispiel fehlende Augen, verkrüppelte Füßchen, Schädigung der inneren Organe oder eine zu geringe Lebenserwartung.
- Immer wieder ein fremdes Tier mit denselben Rassemerkmalen und gewünschten Eigenschaften zur Zucht miteinbeziehen.

## Wie das Pärchen zusammenlebt

Wenn Sie Ihrem Weibchen einen Bock zugesellen wollen, sollten Sie die beiden erst einmal aneinander gewöhnen. Setzen Sie den Fremdling nicht einfach zu ihr, das kann üble Folgen haben. Wenn der Käfig genügend groß ist (mindestens 80x80x45 cm), können Sie ihn mit einem Gitter-Trennschieber in der Mitte teilen. Ansonsten lassen Sie die beiden Tiere in ihren Käfigen und stellen diese dicht nebeneinander. So kann sich das zukünftige Paar sehen und auch beschnuppern.

Nach ein bis zwei Tagen nehmen Sie das Gitter heraus beziehungsweise setzen die beiden Meerschweinchen in einen Käfig zusammen, natürlich unter Ihrem wachsamen Auge. Anfangs werden sie versuchen, einander zu imponieren und sich gegenseitig anzustupsen. Aber das gehört zum Ritual.

Nur wenn sie sich beißen, müssen Sie sie trennen und es nach einer Weile erneut versuchen. Vertragen sich die beiden immer noch nicht, bleibt Ihnen nichts anderes übrig, als es mit einem anderen Partner zu probieren.

**Hinweis:** Reiben Sie die Meerschweinchen mit feuchtem Stroh ab, um den Eigengeruch zu übertünchen. Dadurch riechen sie für einige Zeit gleich, und das wirkt beruhigend. Setzt sich dann ihr eigener Geruch wieder durch, haben sie sich schon so aneinandergewöhnt, daß es zu keinen Streitigkeiten mehr kommt.
In der Regel leben Männchen und Weibchen sehr harmonisch miteinander. Der Bock verhält sich dem Weibchen gegenüber friedlich und ist meistens der Klügere, der nachgibt. Wird er dennoch zu aufdringlich, gibt sie ihm »Nasenstüber« mit den Zähnen oder reißt ihm auch mal ein paar Nackenhaare aus.

## Werbung und Paarung

Meerschweinchen sind eigentlich das ganze Jahr über brünstig. Es bedarf nur der beharrlichen Werbung, und die betreibt das Männchen mit Ausdauer. Viele Male umkreist er das Weibchen mit bedächtigen Schritten und wiegendem Hinterteil und gibt knatternde Laute von sich. Wenn er versucht, mit seiner Flanke an ihrem Körper entlangzustreifen, wehrt sie sich heftig, indem sie sich auf die Hinterbeine setzt, die Vorderbeine durchdrückt und mit weit aufgerissenem Mäulchen die Zähne zeigt.
Alle 14 bis 18 Tage ist das Weibchen brünstig, das heißt, zur Paarung bereit. Die Eier, die sich in den Eierstöcken entwickelt haben, sind im für die Befruchtung günstigsten Stadium. Jetzt erst wird das Männchen »erhört«. Das Weibchen legt sich auf den Bauch und hebt das Hinterteil. Der Deckakt dauert nur wenige Sekunden. Danach putzen sich die beiden Tiere auffällig und sorgfältig, vor allem im Genitalbereich.

**Kleine Meerschweinchen kommen voll entwickelt auf die Welt und fangen gleich an, sich gekonnt zu putzen.**

## Tragzeit

Wenn das Weibchen aufgenommen hat, das heißt, die Eier befruchtet wurden und sich in der Gebärmutter festgesetzt haben, dauert es durchschnittlich 68 Tage, bis die jungen Meerschweinchen auf die Welt kommen. Daß es trächtig ist, merkt man dem Weibchen zunächst gar nicht an, denn es legt keinerlei verändertes Verhalten an den Tag. Das Männchen ist in dieser Zeit sehr aufmerksam und überläßt der werdenden Mutter den besten Platz am Futternapf.

Erst ab der vierten Woche wird das Weibchen rundlicher, und die Zitzen vergrößern sich. In den letzten zwei Wochen der Schwangerschaft ist es ausgesprochen plump, denn die Jungen machen mehr als die Hälfte des Körpergewichts aus. Man kann ihre Bewegungen im Mutterleib deutlich sehen und auch spüren.

Auf die Geburt bereitet sich die zukünftige Mutter nicht besonders vor. So macht sie keinerlei Anstalten, ein Nest zu bauen. Deswegen ist es für einen unerfahrenen Meerschweinchen-Besitzer ziemlich schwierig zu erkennen, was da auf ihn zukommt.

## Darf das Männchen bei der Geburt dabei sein?

Bei Meerschweinchen besteht nicht die Gefahr, daß der Vater aggressiv gegen die Jungen wird oder sie gar totbeißt. Sie könnten ihn also getrost im Käfig lassen. In der Regel kümmert sich das Weibchen nicht darum. Doch manchmal übt der Bock auch eine beruhigende Wirkung auf die werdende Mutter aus. Es sind Fälle bekannt, in denen der Vater beim Trockenlecken der Neugeborenen geholfen hat. Generell scheint ihm der Geburtsvorgang jedoch recht gleichgültig zu sein, denn er hält sich meistens am anderen Ende des Käfigs auf, frißt oder putzt sich und drückt damit sein Desinteresse aus.

**In ein Häuschen wollen Meerschweinchen gern schlüpfen und sich dort aneinanderkuscheln.**

**Nase an Nase. So nimmt bereits das ganz kleine Meerschweinchen Kontakt mit seiner Mutter auf.**

## Geburt

Im allgemeinen ist, wie alles beim Meerschweinchen, auch die Geburt völlig unproblematisch. Da sie meist nachts oder in der Morgen- beziehungsweise Abenddämmerung stattfindet, wird man oft davon überrascht. An bestimmten Anzeichen wie Graben in der Einstreu, Anschwellen des Geschlechtsteils und Schleimabsonderung oder sichtbare Wehen durch Zusammenziehen des Bauchs können Sie erkennen, daß das Ereignis unmittelbar bevorsteht.

Geburtsverlauf: Das Weibchen bekommt das Junge im Sitzen, reißt zwischen den Vorderbeinen hindurch mit den Zähnen die Eihaut auf und frißt sie auf. Das ist wichtig, sonst würde das Kleine in kürzester Zeit ersticken. Danach leckt ihm die Mutter Mund, Nase und Augen sauber. Kaum ist eines versorgt, meldet sich schon das nächste an. Meistens kommt erst zum Schluß etwas Blut, und zwar mit der Nachgeburt, die von der Mutter ganz oder teilweise aufgefressen wird.

# TIP

**Quartieren Sie vor der Geburt das Männchen aus dem gemeinsamen Käfig aus. Das Weibchen wird nämlich einige Stunden danach wieder brünstig und läßt sich vom Männchen decken. Dann sind gute zwei Monate später von neuem Junge zu erwarten. Erst nach etwa drei bis vier Tagen können Sie das Männchen wieder zu seiner Familie lassen.**

## Neugeboren und schon selbständig

Das Besondere an Meerschweinchen-Jungen ist, daß sie voll entwickelt auf die Welt kommen. Sie haben offene Augen, die sogar schon 14 Tage vorher im Mutterleib geöffnet sind, und ihr Fellchen ist dicht und glänzend seidig, sobald es die Mutter saubergeleckt hat.

Die Kleinen sind nämlich Nestflüchter, das heißt, sie können sofort laufen und sogar Gras, Heu und andere feste Nahrung fressen. Denn auch ihr Milchgebiß haben sie noch im Mutterleib gegen das bleibende ausgewechselt. Bereits eine bis zwei Stunden nach der Geburt beginnen die Jungen recht munter im Käfig herumzuwuseln, bleiben jedoch stets in der Nähe der Mutter und werden von ihr zwei bis drei Wochen gesäugt. Daneben naschen sie schon von Futter und Heu, weshalb es auch nicht sehr schwierig ist, verwaiste Meerschweinchen-Kinder aufziehen.

<u>Wenn die Jungen verwaisen:</u> Am besten zu einem Meerschweinchen geben, das selbst gerade geworfen hat. Wenn sich das nicht anbietet, hat sich Katzenaufzuchtsmilch (im Zoofachhandel erhältlich) bewährt. Sie wird den Kleinen mit einer Einwegspritze (ohne Nadel!) langsam und tröpfchenweise ins Mäulchen gegeben. In den ersten zwei Wochen tagsüber etwa alle ein bis zwei Stunden 1 bis 1,5 ml, in der dritten Woche steigern auf 2 ml. Nachts muß nicht gefüttert werden.

**Hinweis:** Setzen Sie die Kleinen zu einem erwachsenen Meerschweinchen, etwa einem Weibchen, das schon einmal geworfen hat, oder einem kastrierten Männchen. Durch das Vorbild lernen sie, was man fressen kann. Der oder die Alte muß natürlich lieb zu den Jungen sein und darf sie nicht schikanieren.

## Wie oft darf das Weibchen gedeckt werden?

Wie schon gesagt, ist das Weibchen sofort nach der Geburt wieder paarungsbereit. Der Natur freien Lauf zu lassen kann eigentlich nur von Interesse für den Massenzüchter sein, dem es bloß auf recht viele Junge ankommt. Gönnen Sie dem Muttertier Ruhepausen zwischen den Schwangerschaften. Sie werden selbst am besten wissen, ob es durch den letzten Wurf geschwächt

wurde. Lassen Sie es sich erholen und erst wieder decken, wenn die Jungen etwa 5 bis 6 Wochen alt sind, also abgabereif. Ein- bis zweimal pro Jahr decken lassen ist ein gutes Mittelmaß und strengt das Weibchen auch nicht an.
**Hinweis:** Zwischen den einzelnen Würfen sollte der Abstand jedoch nicht länger als sechs bis zwölf Monate sein. Es kann sonst passieren, daß das Weibchen nicht mehr aufnimmt oder den Bock nicht mehr an sich heranläßt.

### Die Entwicklung der Jungen

Gewicht: Bei der Geburt wiegen die Jungen 40 bis 100 g. In den ersten Tagen bleibt das so, manchmal verlieren sie sogar an Gewicht. Doch dann nehmen sie bis zu einem Alter von fünf bis sechs Wochen täglich rund 3 bis 4 g zu. Wiegen Sie sie ab und zu, damit Sie sich von ihrem Gedeihen überzeugen können. Gewichtsverlust ist immer Zeichen für eine beginnende Krankheit, auch bei erwachsenen Tieren.
Verhalten: Es ist entzückend zu sehen, wie beweglich die Kleinen bereits kurz nach der Geburt sind. Kaum haben sie das Licht der Welt erblickt, beginnen sie sich vollendet zu putzen. Deswegen wird man selten beobachten, daß die Mutter etwa wie eine Katzenmutter ihre Babies ableckt. Noch am selben Tag haben sie einen regelrechten Hüpfanfall. Dann springen sie mit allen vier Beinchen senkrecht in die Höhe und schlagen in der Luft einen Haken. Sie rennen hintereinander her, flitzen ins Schlafhäuschen hinein und wieder heraus und setzen mit Leichtigkeit über Hindernisse hinweg.
Futter: Regelmäßig versorgt die Mutter ihre Jungen. Sie hat nur zwei Zitzen, doch das stellt kein Problem dar. Die Kleinen streiten sich nicht um die Milchquelle, sondern warten gelassen, bis sie an der Reihe sind. Außer der Muttermilch nehmen sie Heu, Salat, Löwenzahn, Haferflocken und Fertigfutter zu sich.
**Hinweis:** Lebensnotwendig für sie ist der Blinddarmkot der Mutter, den sie direkt vom After aufnehmen, weil dieser die Vitamine B und K enthält.
Zusammenleben: Das Familienleben klappt ohne große Probleme. Die Jungen folgen sowohl dem Vater als auch der Mutter. Alles unternehmen sie gemeinsam. Sie fressen zusa-

### Was sind Nestflüchter?

Das Meerschweinchen ist ein Nestflüchter. Das Wort klingt, zugegeben, etwas merkwürdig, denn Flüchten hat ja eigentlich auch mit Angst zu tun. Angst haben die Meerschweinchen nun aber gar nicht. Nestflüchter werden die Tiere genannt, die sich sofort nach der Geburt auf die Beine stellen und laufen können. Sie bleiben also nicht im Nest hocken. Kleine Vögel, Katzen, Hunde oder Menschenbabies müssen dagegen erst das Laufen lernen. Diese Lebewesen heißen deshalb Nesthocker.

**Kleine Meerschweinchen können sofort nach der Geburt laufen und sogar Gras, Heu und andere feste Nahrung fressen.**

men, putzen sich, kuscheln sich aneinander und haben sich, so scheint es, viel zu erzählen. Beim Auslauf trippeln sie im Gänsemarsch hintereinander her, auch in der Wohnung, und wenn doch einmal ein Kleines vom Weg abkommt und sein Verlassenheits-Quieken hören läßt, galoppiert die Mutter oder der Vater sofort herbei und führt es zu den anderen Jungen zurück.

Geschlechtsreif: Zwischen 3 und 5 Wochen werden Weibchen geschlechtsreif. Wenn Sie die Jungen behalten, müssen Sie sie von den Eltern und nach Geschlechtern trennen. Die Männchen werden erst mit vier bis fünf Wochen geschlechtsreif. Solange können sie sie zusammenlassen, aber dann müssen auch sie voneinander getrennt werden, da sonst Rangordnungskämpfe ausbrechen (→ Seite 91).

# Verstehen lernen und beschäftigen

Kein Meerschweinchen ist wie das andere. Jedes hat seine Eigenarten, die sich schon bei der ersten Annäherung deutlich beobachten lassen. Lernen Sie Ihr Tier kennen, dann können Sie auch richtig mit ihm umgehen.

**Zutrauen gewinnen ist der erste Schritt zum Handzahmwerden.**

# Verhaltensweisen kennenlernen

Haben Sie Ihrem kleinen Hausgenossen schon einmal aufmerksam gelauscht? Wenn Sie ihn verstehen wollen, sollten Sie wissen, was er mit den verschiedenen Lauten und Körperbewegungen sagen will.

## Besonderheiten in der Anatomie

Mit wissenschaftlichem Namen heißt das Meerschweinchen *Cavia aperea porcellus*, was soviel wie »das Schweinchen, das in der Höhle wohnt« bedeutet. Eine gewisse Ähnlichkeit mit unserem Rüsseltier läßt sich nicht bestreiten, auch wenn die beiden nichts miteinander zu tun haben. Hier sind noch einmal ein paar Besonderheiten zusammengefaßt.

Knochenbau: Meerschweinchen haben sehr zarte Knochen und können sie sich leicht brechen, wenn sie hinunterfallen. Zu heftig drücken und umarmen darf man sie auch nicht (→ Seite 20).

Füße: Sie sind nackt, das heißt, die Behaarung reicht nur bis zum Fußgelenk. An

**Um an leckeres Futter zu kommen, heben Meerschweinchen auch mal vom Boden ab.**

den Vorderfüßen sitzen je vier Zehen und Krallen, an den Hinterfüßen drei. Anders als die meisten Nagetiere benutzen Meerschweinchen zum Festhalten der Nahrung nie beide Hände, sondern stellen höchstens mal einen Fuß darauf. Das Gesicht putzen sie sich nur mit der Innenkante der Hände, nie mit der ganzen Handfläche. Sie stehen auf den ganzen Sohlen, gehen aber auf den Zehen, eine Gangart, die auf flinke Läufer hinweist.
Krallen: Die Krallen sind ziemlich breit. Deshalb werden Meerschweinchen auch »Hufpfötler« genannt.

**Den Futternapf nicht zu groß wählen, sonst setzt sich das Tier gleich hinein.**

## Dem Überleben angepaßt

Die Meerschweinchen gelten nicht gerade als intelligent, dafür sind sie sehr sozial. Das hat seine Gründe. Die wilden Vorfahren unseres Hausmeerschweinchens waren auf das Grasfressen spezialisiert, und da ihnen die Nahrung sozusagen in den Mund wuchs, brauchten sie für ihr Überleben keine großen geistigen Fähigkeiten zu entwickeln. Stattdessen bildeten sie soziale Verhaltensweisen aus, welche ihnen ein friedliches Leben in der Gemeinschaft ermöglichten, denn der Zusammenschluß im Rudel bot ihnen den größtmöglichen Schutz.
Die meisten Eigenschaften von Wildmeerschweinchen resultieren daraus, daß sie sich gegen Feinde nicht wehren, sondern sich vor ihnen in Sicherheit bringen müssen. Die Leistungen und Verhaltensweisen, die daraus entstanden, sind den Tieren im Laufe ihrer Domestikation nicht abhanden gekommen.

## Der Kampf um die Rangordnung

Ein Meerschweinchen-Rudel besteht in der Regel aus einem Bock und fünf bis

sechs Weibchen. Für einen zweiten Bock ist kein Platz. Nur einer, der sich im Kampf um die Rangordnung als der stärkste erwiesen hat, führt als »Pascha« seinen Harem. Allen anderen Männchen wird das Decken eines Weibchens verwehrt. Solange sie jung sind, bilden sie am Rande der Sippe kleine Gruppen und bleiben sozusagen unter sich. Doch mit Einsetzen der Geschlechtsreife fangen sie an, um die Weibchen zu kämpfen. Zuerst versuchen sie einander zu imponieren. Sie drücken ihre Beine durch, um größer zu wirken, lassen ein zischendes Schnarren und Zähneklappern hören und umkreisen sich langsam. Dabei will jeder dem anderen in die Seite gelangen, um einen Biß anzubringen. Schließlich springen sie sich gegenseitig an und beißen sich in Hals oder Brust. Das wiederholt sich so oft, bis ein Männchen unterliegt. Es muß nun das Rudel verlassen und sich woanders behaupten.

**Hinweis:** Ein solches Tier würde in einem Gehege ein trauriges Dasein fristen. Es wird vom Futterplatz vertrieben, findet kein Fleckchen zum Schlafen und muß verkümmern. Am besten, Sie setzen es in ein eigenes Gehege weit weg vom anderen.

**Wer sich im Kampf um die Rangordnung als der Stärkere erweist, führt als »Pascha« seinen Harem.**

## Können Meerschweinchen böse werden?

Meerschweinchen sind in der Regel friedliebende Tiere. Männchen können jedoch zu Gegnern werden, wenn sie um ein Weibchen kämpfen. Dabei reißen die beiden das Mäulchen weit auf und zeigen ihre langen Nagezähne.
Auf diese Art und Weise drohen sie einander. Es kann in der Folge zu Beißereien kommen, falls sich nicht einer von den beiden freiwillig zurückzieht.
Weibchen kämpfen nicht miteinander. Kommt ihnen aber ein Männchen zu nah, zeigen sie ihm drohend die Zähne.

### Die Rolle der Weibchen

Weibchen vertragen sich in der Regel sehr gut. Aber auch unter ihnen herrscht eine Hierarchie. Es gibt ein Leitweibchen, das unter seinesgleichen und den Jungtieren für Ordnung sorgt. Dabei zeigt es oft ein spezielles Verhalten. Auf den Hinterbeinen sitzend windet es sein Hinterteil langsam hin und her und klappert mit den Zähnen. Wird ein untergeordnetes Weibchen allzu widerspenstig, muß der Leitbock eingreifen.
Die Weibchen kümmern sich auch um das Wohlergehen und Fortkommen der Jungen. Solange diese noch ganz klein sind, grasen sie mit den Weibchen in kleinen Gruppen. Wenn sie trinken wollen, gehen sie nicht nur zu ihren eigenen Müttern, sondern auch zu anderen milchgebenden Weibchen. Ab der zweiten Lebenswoche schließen sich die Jungen immer mehr dem Leitbock an, der sie so von den Müttern entwöhnt, denn ab der dritten Woche werden sie ja nicht mehr gesäugt.
**Hinweis:** Wenn Sie eine Meerschweinchensippe im Gehege halten, müssen Sie dafür sorgen, daß die jungen Männchen spätestens mit Erlangen der Geschlechtsreife, das heißt mit neun bis zehn Wochen abgegeben werden. Dies ist nicht nur zur Vermeidung von Kämpfen notwendig, sondern verhindert auch allzu unkontrollierten Nachwuchs.

### Überlebensstrategie

Meerschweinchen haben Fähigkeiten, mit denen sie trotz der großen Zahl ihrer Feinde, zum Beispiel Schlangen, Füchse oder Raubvögel, überleben können. Sie legen zwischen ihren Schlupfwinkeln und Futterplätzen ein vielverzweigtes Netz von Trampelpfaden an, in dem sie sich bestens auskennen und das ihnen eine rasche Flucht ermöglicht. Flink und leichtfüßig bewegen sie sich durch möglichst hohes Gras fort, damit sie von Feinden nicht so schnell entdeckt werden. Auf ihren Wegen halten sie immer Kontakt zueinander, das heißt, sie trippeln im Gänsemarsch hintereinander her und führen die Jungen zwischen sich. Dabei verständigen sie sich mit Glückslauten, die eigentlich nie verstummen. Während die Gruppe weidet, muß eines der Tiere Wache halten. Sobald es auch nur das kleinste Geräusch wahrnimmt, stößt es ein Quieken aus, worauf im Nu alle verschwunden sind. Bleibt einem Meerschweinchen einmal tatsächlich kein Ausweg mehr, stellt es sich tot. Dadurch läßt sich der Feind manchmal täuschen. Zusätzlich hat die Natur durch die starke Vermehrung dafür gesorgt, daß Meerschweinchen nicht ausgerottet werden können.

## Meerschweinchensprache

Wer die Sprache der Meerschweinchen verstehen will, muß sowohl gut hinschauen als auch zuhören, denn oft sind ihre Lautäußerungen mit einer bestimmten Körpersprache verbunden (→ Seite 96).

Quieken: Es klingt wie das Pfeifen eines Wasserkessels, bedeutet ein ganz unmißverständliches Betteln um Futter und ist die einzige Lautäußerung, die das Meerschweinchen ausschließlich dem Menschen vorbehält.

Fiepen oder klägliches Quieken: Es wird von einem Jungen ausgestoßen, das sich verlaufen hat, Mutter oder Geschwister nicht mehr sieht oder durch irgendein Geräusch erschreckt wird. Wenn einzeln gehaltene Tiere fiepen und damit um Kontakt werben, sollten wir uns um unseren Schützling kümmern.

Glucksen und Gurren: Die Mutter läuft mit beruhigendem Gurren zu ihrem Jungen und verspricht Schutz und Wärme. Das Glucksen ist überhaupt ein Laut, der rundum Zufriedenheit ausdrückt. Dies kann mit Bocksprüngen noch unterstrichen werden.

Grunzen: Es ist die freundlichste Art der Begrüßung unter Meerschweinchen. Mitglieder einer Sippe grunzen so, wenn sie sich draußen treffen. Dabei beschnuppern sie sich gegenseitig mit Nasenkontakt.

Knurren und Zähneklappern: Ein Meerschweinchen, das knurrt, fühlt sich dem anderen gegenüber schwach. Das kann auch der Mensch sein. Meist senkt es dabei den Kopf und bittet hiermit um Frieden.

**TIP**

**Zum Hochheben fassen Sie das Meerschweinchen am besten mit der einen Hand von unten her um die Brust und stützen mit der anderen Hand sein Hinterteil. Wenn Sie es herumtragen wollen, setzen Sie es sich auf den angewinkelten Unterarm und schützen es mit der anderen Hand vor dem Hinunterfallen.**

**Lebhafte Reaktion auf eine bekannte, liebevolle Ansprache.**

**Regelmäßige und gründliche Körperpflege gehört zu den Verhaltensweisen eines gesunden Meerschweinchens.**

Wird die Geste nicht verstanden, steigert sich das Angstknurren in ein wütendes Zähneklappern, die einzige Drohgebärde, die Meerschweinchen kennen. Dieses Zähnewetzen ist Vorspiel des Rivalenkampfes. Meistens bleibt es dabei. Lassen Sie also Ihr Tier in Ruhe, wenn es so drohend zittert, denn es könnte ein kräftiger Biß folgen.
Brummen und Knattern: Das Männchen gibt diese Laute von sich, wenn es sich einem brünstigen Weibchen werbend nähert.
Chirpen: Hausmeerschweinchen äußern sich mit diesen Lauten, wenn überhaupt, sehr selten. Es sind sehr hohe Quiektöne, die mit voller Intensität ausgestoßen werden. Beim Ertönen des »Gesangs« erstarren alle anderen Meerschweinchen, die sich in der Umgebung befinden. Was es damit auf sich hat, ist noch nicht genau geklärt. Vielleicht ist es eine Art Ersatzhandlung.

## Körpersprache

Zum besseren Verständnis der Meerschweinchensprache gehört auch die Körpersprache. Je besser man darüber Bescheid weiß, desto mehr lernt man das Verhalten seines Tiers richtig einschätzen.

Sich Beriechen: Unsere Meerschweinchen berühren sich mit der Nase oder machen Analkontrolle. Dabei wird geprüft, ob es sich um ein rudelfremdes Meerschweinchen handelt, welchem Geschlecht es angehört oder bei einem Weibchen, ob es zur Paarung bereit ist.

Imponiergehabe: Die Männchen machen sich »groß«, indem sie die Beine durchdrücken und sich hoch aufrichten.

Aufmerksamkeit: Wenn ihm etwas nicht geheuer vorkommt, streckt das Tier aufmerksam den Kopf vor und preßt sich an den Boden.

## Sinnesleistungen

Als reine Fluchttiere müssen Meerschweinchen mit sehr guten Sinnesorganen ausgestattet sein, um die Gefahr rechtzeitig zu erkennen.

Hören: Meerschweinchen hören ausgezeichnet. Besonders helle Töne nehmen sie noch

In sein Schlafhäuschen kann man sich bei Gefahr zurückziehen.

Man kann auch darauf herumklettern und etwas futtern.

**Meerschweinchen brauchen auch im Käfig einen Platz, von dem aus sie sich nach allen Seiten absichern können.**

in einem Bereich bis zu 33 kHz wahr, Menschen bis zu 20 kHz. Das liegt daran, daß die Schnecke des Innenohrs vier Windungen hat (beim Menschen nur zweieinhalb) und so Platz für mehr Hörzellen ist.

Sehen: Das Sehvermögen ist ebenfalls sehr gut ausgebildet. Ihr Gesichtsfeld ist relativ weit, so daß sie Feinde von allen Seiten frühzeitig wahrnehmen können, ohne den Kopf bewegen zu müssen. Anhand von Versuchen hat man herausgefunden, daß Meerschweinchen auch in der Lage sind, verschiedene Farben zu unterscheiden (→ Das Farbenspiel, Seite 108).

Riechen: Der Geruchssinn, der tausendmal besser ist als der des Menschen, dient vor allem dem Geschlechts- und Kontaktverhalten. Ein sippenfremdes Tier wird am Geruch erkannt. Meerschweinchen nehmen auch die verschiedenen Mitglieder der Menschenfamilie an deren Duft wahr. Duftmarkierung mit Harn sowohl des Partners als auch des Reviers spielt eine wichtige Rolle.

Schmecken: Ob die Meerschweinchen Süßes von Saurem unterscheiden und eine Erdbeere der Orange aus diesem Grund vorziehen, sei dahingestellt. Auf jeden Fall haben sie ihre Geschmacksvorlieben. Ein wenig Nachahmung spielt wohl mit. Was den erwachsenen Tieren schmeckt, kann nicht schlecht sein.

Tasten: Die Tasthaare, die rund um das Schnäuzchen wachsen, helfen dem Meerschweinchen, sich auch im Dunkeln zu orientieren und es um Hindernisse herumzuführen. Außerdem mißt es mit diesen sensiblen Fühlern die Breite von Öffnungen und weiß so, daß es nicht steckenbleibt, wenn es sich hindurchzwängen will.

# Richtiges Eingewöhnen

Für Kinder gibt es kein idealeres Heimtier als das Meerschweinchen. Es mag gern gestreichelt und geknuddelt werden und wird um so lebhafter und aufgeweckter, je mehr Ansprache es hat.

## Das neue Zuhause

Bringen Sie das Meerschweinchen auf dem kürzesten Weg nach Hause. Dort stellen Sie das Transportkistchen in den Käfig, öffnen es und lassen das Meerschweinchen von selbst herauskommen. Im Käfig sollte sein: Eine dicke Heu- oder Strohlage über der Einstreu, zimmerwarmes Wasser in der Nippeltränke, ein wenig Körnermischfutter im Napf, ein Viertel Apfel und ein Salatblatt. Im Heu kann sich das Tier verkriechen und von diesem sicheren Schlupfwinkel aus alles in Ruhe beobachten.

## Eingewöhnung

Damit das Meerschweinchen merkt, daß ihm von seiner Umgebung nichts Böses droht, ist es sinnvoll, den Käfig auf einen Tisch zu stellen, sonst sieht das Tier ja nur die Füße seines Menschen. Eine Zeitlang sitzt es still da und knabbert vielleicht am Stroh oder Heu. Wenn es zu fressen und zu trinken anfängt, sich vielleicht anschließend noch putzt, ist der erste Schock schon überstanden. Jetzt können Sie mit dem Handzahm-Machen beginnen, es streicheln und mit ihm reden.
Damit es auch das Zimmer kennenlernt, in dem es ab jetzt wohnt, sollten Sie es frei laufenlassen. Legen Sie dem Meerschweinchen da und dort ein paar Leckerbissen hin, dann wird es sich in seiner neuen Umgebung bald wohl fühlen.

## Meerschweinchen und Kinder werden Freunde

Ihr Kind hatte sich so auf seinen neuen Spielkameraden gefreut, und nun funktioniert es nicht gleich mit der Liebe. Jetzt müssen Sie vermitteln, damit das Kind versteht, warum das alles seine Zeit braucht. Das Meerschweinchen möchte sicher gern gestreichelt werden. Doch muß es sich erst an alles Neue gewöhnen. Bleiben Sie konsequent und erziehen Sie Ihr Kind zur Mitverantwortung beim Füttern, Stallsäubern, bei der Pflege und kleinen Erledigungen. Nur so lernt es, daß Liebe zu einem Lebewesen auch Geduld haben heißt.

### TIP

**Ein scheues und ängstliches Meerschweinchen braucht sehr lang, bis es Zutrauen zu Ihnen gewinnt. Streicheln Sie es viel, und füttern Sie es möglichst immer aus der Hand. Geben Sie statt des Schlafhäuschens viel Stroh in den Käfig, damit sich das Tier nicht vollständig abkapseln kann, und üben Sie sich in Geduld.**

**Gelungene »Schweinchenpyramide«. Selbst wenn's ums Fressen geht, halten Meerschweinchen fest zusammen.**

## Handzahm machen

Jungtiere, also vier bis sechs Wochen alte Meerschweinchen, sind noch scheu und müssen zu »ihrem« Menschen erst einen engeren Kontakt knüpfen. Gehen Sie beim Handzahm-Machen schrittweise vor.

Der erste Schritt: Strecken Sie dem Meerschweinchen unter sanftem Reden eine Möhre oder ein Apfelstückchen entgegen. Es wird sich nicht sofort heranwagen, sondern vielleicht ein bißchen in die Richtung schnüffeln. Sobald es sich den Leckerbissen aus der Hand holt, ist das erste Eis gebrochen.

Der zweite Schritt: Nun können Sie es sanft am Kopf kraulen, nach und nach auch den Rücken. Wenn es nicht mehr zurückzuckt, haben Sie sein Vertrauen gewonnen.

Der dritte Schritt: Da das Meerschweinchen jetzt nicht mehr vor Angst vergeht, sollten Sie es hin und wieder aus dem Käfig nehmen und sich auf den Schoß setzen. So wird der Kontakt immer enger. Je nach Meerschweinchen werden diese drei Schritte mehr oder weniger Zeit in Anspruch nehmen. Sie dürfen nur nicht die Geduld verlieren. Erklären Sie das auch Ihrem Kind, das sich ja einen Spielgefährten gewünscht hat. Es darf gewiß sein, daß auch das scheueste Meerschweinchen mit der Zeit aus der Hand fressen wird.

**Hinweis**: Reden Sie immer nur mit gleichmäßig leiser Stimme mit dem Meerschweinchen, und bewegen Sie sich auch nicht heftig. Es würde davor zurückschrecken und nur sehr langsam Zutrauen gewinnen.

**Mit Nasenberührung oder Analkontrolle wird geprüft, ob der Artgenosse zum Rudel gehört.**

**Käfig an Käfig (Modell Wagner & Keller) können sich zwei fremde Meerschweinchen beschnuppern und gefahrlos kennenlernen.**

## Vertraut werden mit Artgenossen

Meerschweinchen leben artgerechter, wenn sie zu zweit gehalten werden. Dennoch sollten Sie behutsam vorgehen, wenn ein bereits vorhandenes Tier einen Käfiggenossen bekommen soll. Abgesehen davon wollen Sie den Ihnen ans Herz gewachsenen Liebling ja nicht unnötig gefährden. Es kann nämlich durchaus möglich sein, daß das neue Meerschweinchen eine Krankheit in sich trägt, die noch nicht zum Ausbruch gekommen ist. Es empfiehlt sich also, den Neuankömmling drei Wochen lang in einem anderen Käfig unterzubringen, bis sich gezeigt hat, daß er auch wirklich gesund ist. Zum Aneinandergewöhnen gehen Sie so vor:

- Anfangs Käfig an Käfig stellen, so daß sich die Tiere sehen und beschnuppern können. Später die Käfigtüren öffnen, dann können sie sich besuchen, behalten aber ihren Heimvorteil.

- Beide Meerschweinchen auf den Schoß nehmen, streicheln und sich beschnuppern lassen.
- Wenn sich die Tiere verträglich gezeigt haben, in einen Käfig setzen. Eventuell vorher mit parfümierten Händen ausgiebig streicheln. Damit ist für einige Zeit der jeweilige Eigengeruch unterdrückt, das heißt, die Tiere riechen gleich und vertragen sich.

## Gewöhnung an andere Heimtiere

Bei tierliebenden Menschen bevölkern oft noch etliche andere vierbeinige oder schnabeltragende Lieblinge Haus oder Wohnung. Da ist es wichtig, auf die jeweiligen Eigenarten Rücksicht zu nehmen. Manchmal entstehen die dicksten Freundschaften, manchmal ist alle Liebesmüh umsonst.

Um Ihren neuen Hausgenossen mit dem vorhandenen Heimtier vertraut zu machen, gehen Sie am besten immer in drei Schritten vor. Beginnen Sie mit den nachfolgenden Übungen aber erst, wenn das Meerschweinchen sich eingelebt hat und mit seinen Menschen vertraut ist.

## Lassen sich Meerschweinchen dressieren?

**Das wäre lustig, wenn du deinem Meerschweinchen beibringen könntest, auf den Hinterbeinen zu tanzen oder durch einen Reifen zu springen. Leider ist es nicht gelenkig genug, um solche Kunststücke bewältigen zu können. Außerdem hat es auch nicht die Fähigkeit, etwas Bestimmtes auf Kommando zu machen. Allerdings kannst du es mit Leckerbissen zu allerlei »Turnübungen« veranlassen. Überhaupt spielt das Futter im Leben eines Meerschweinchens eine ziemlich große Rolle. So stellt es sich auf die Hinterbeine, um an das Salatblatt zu kommen, und das sieht dann aus, als ob es tanzen könne.**

**Zum Knuddeln lieb. Es besteht keine Gefahr, daß das Meerschweinchen kratzt oder zubeißt.**

### Übungen für Hund und Meerschweinchen

1 Den angeleinten Hund zum Käfig führen, ruhig reden, streicheln, bei freundlichem Verhalten loben, bei Bellen mit Pfui zurechtweisen und an der Leine scharf zurückziehen.

2 Meerschweinchen auf den Schoß nehmen. So hat es der Hund in Augenhöhe und kann nicht dominieren. Schnüffeln lassen, dabei aber fest an der Leine halten. Bei aggressivem Verhalten mit Pfui und scharfem Zurückrucken verweisen, sonst loben und beide Tiere streicheln.

3 Sobald der Hund sich anständig verhält, Meerschweinchen im Zimmer laufen lassen. Hund am Halsband heranführen, ruhig reden, streicheln, bei freundlichem Verhalten loslassen. Er darf nicht hinterherjagen, sonst bekommt das Meerschweinchen Todesangst.

### Übungen für Katze und Meerschweinchen

1 Katze zum Käfig lassen, streicheln, beim Reintatzeln verweisen, nicht schreien oder hektisch werden, sondern ruhig reden.

2 Meerschweinchen und Katze auf den Schoß nehmen und streicheln, beide jeweils an der Hand riechen lassen, damit sie mit dem neuen Geruch vertraut werden.

3 Sobald sich die Tiere verträglich gezeigt haben, Meerschweinchen im Zimmer frei laufen lassen, Katze aber noch an die Leine nehmen. Schwierige Übung, da ein umherwuselndes Meerschweinchen den Jagd- und Spieltrieb besonders anspricht. Die Katze erst frei lassen, wenn sie nicht mehr hinterherjagen will.

# Meerschweinchen erziehen

Meerschweinchen sind sehr gern beschäftigt. Machen Sie sich diesen Trieb beim Auslauf in der Wohnung zunutze, dann ist die Erziehung schon zur Hälfte geschafft.

## Wie wird das Meerschweinchen stubenrein?

Meerschweinchen erledigen ihr »Geschäft« an geschützten Stellen. So knöddeln sie zum Beispiel gern in ihrem Schlafhäuschen oder benutzen eine Ecke des Käfigs als Klo. Dies können Sie sich zunutze machen, um das Tier auch während des Auslaufs in der Wohnung oder auf dem Balkon an die Klokiste zu gewöhnen. Doch ich sage es ganz offen: Nicht jedes Meerschweinchen läßt sich zur Sauberkeit erziehen. Manch ein Tier begreift schnell, bei anderen dauert es länger, und je jünger, desto besser die Aussichten auf Erfolg. Lassen Sie sich nicht entmutigen. Die folgenden Ratschläge haben sich in vielen Fällen bewährt.

- Stellen Sie schon beim ersten Auslauf eine flache mit Katzen- oder Käfigeinstreu gefüllte Plastikschale im Zimmer auf und geben Sie ein paar Kotkügelchen hinein.
- Setzen Sie das Meerschweinchen immer mal wieder hinein. Seien Sie jedoch nicht böse, wenn es die ersten Male hinaushüpft und das Geschäft im Zimmer erledigt.
- Sammeln Sie die Böhnchen auf, geben Sie sie in die Schale und setzen Sie das Tier darauf.
- Schreien Sie es nicht an, und geben Sie ihm keinen, wenn auch noch so zarten Klaps. Das würde das Tier nur verstören und ihm die Gewöhnung an die Sauberkeit erschweren.
- Beobachten Sie, ob es eine Lieblingsecke hat, und stellen Sie dort die Kloschale auf.
- Belohnen Sie das Meerschweinchen jedesmal, wenn es die Toilette benutzt, mit einem Leckerbissen.
- Pfützen auf Fußboden oder Teppich können Sie mit Essigwasser reinigen. Das desinfiziert,

**Mit viel Geduld läßt sich ein Meerschweinchen zur Sauberkeit beim Freilauf in der Wohnung erziehen.**

**Ein alteingesessenes Tier, das einen neuen Käfiggenossen bekommen soll, muß behutsam an ihn gewöhnt werden.**

außerdem ist der Geruch nicht angenehm für seine Nase. Kotkügelchen lassen sich, wenn sie trocken sind, gut aufkehren oder -saugen.

**Hinweis:** Darf das Tier in der ganzen Wohnung frei laufen, so ein Klo in jedem Zimmer aufstellen. Schlupfwinkel unter Betten, Schränken oder dergleichen zustellen oder mit Zeitungen auslegen.

## Schwierigkeiten bei der Stubenreinheit

Wenn Sie mehrere Tiere frei laufen lassen, stößt die Erziehung zur Sauberkeit auf Grenzen. Beachten Sie bitte folgende Punkte:

■ Ein Männchen, das ja sozusagen ständig auf Freiersfüßen ist, wird immer versuchen, ein Weibchen mit Urin zu bespritzen. Und wenn das Weibchen

nicht brünstig ist, wird es sich mit derselben »Waffe« zur Wehr setzen.

■ Sind mehrere Männchen unterwegs in der Wohnung, werden sie überall mit Kotkügelchen markieren.

■ Am saubersten sind die Weibchen. Bei ihnen sollten Sie es auf jeden Fall mit der oben beschriebenen Methode versuchen.

## Mit dem Meerschweinchen zur Ausstellung

Wer sein Meerschweinchen während einer Ausstellung zur Bewertung vorführen möchte, tut gut daran, es darauf vorzubereiten. Tiere, die völlig unvorbereitet auf den Richtertisch kommen, haben Angst rennen weg und wollen sich verstecken. Oder sie geraten so in Panik, daß sie sogar

**Mit einem Leckerbissen lassen sich Meerschweinchen sogar zum Balancieren auf den Hinterbeinen »dressieren«.**

## TIP

**Lassen Sie das Meerschweinchen statt einmal am Tag eine Stunde mehrmals täglich etwa 20 Minuten laufen. Dann erledigt es sein Geschäft erst hinterher im Käfig. Füttern Sie es erst nach dem Freilauf. Dann wird das Zurücksetzen in den Käfig vielleicht nicht als Strafe empfunden, denn nun kann es gleich fressen.**

beißen. Muten Sie solche Schreckminuten Ihrem Tier nicht zu, zumal sie sich auch nicht günstig auf die Beurteilung auswirken.

Übung 1:

Legen Sie auf einen Tisch ein Stück Teppich, oder spannen Sie Jute darüber. Es sollte eine rauhe Unterlage sein, auf einer glatten rutscht das Tier aus. Setzen Sie das ausgewählte Meerschweinchen nun darauf. Wenn es flüchten will, mit leichtem Druck festhalten, streicheln und ihm gut zureden. Hat es sich beruhigt, loslassen. Solange üben, bis es merkt, daß ihm nichts geschieht und ruhig sitzenbleibt. Das kann ein paar Tage dauern.

Übung 2:

Des weiteren müssen Sie dem Meerschweinchen beibringen, wie es am günstigsten sitzt. Es darf dabei nicht platt wie ein Pfannkuchen auf dem Bauch liegen, sondern muß eine kompakte »Figur« machen.

Das Tier so plazieren, daß es sozusagen auf den Hinterbeinen hockt und die Vorderbeine durchstreckt. So zeigt es eine schöne, runde Hinterhand und läßt auch die Konturen von Schulter, Brust und Kopf gut erkennen. Diese Übung solange wiederholen, bis das Meerschweinchen begriffen hat, daß das Zurechtrücken von Rumpf und Gliedmaßen keinerlei Gefahr bedeutet, und es die Position beibehält. Dann wird es sich auch nicht fürchten, wenn es in den Trubel einer Ausstellung gerät, wo es ja noch dazu eine »gute Figur« bei der Präsentation machen soll.

**Hinweis:** Es muß klar sein, daß sich etwaige Fehler im Körperbau natürlich auch nicht durch eine noch so gute Stellung vertuschen lassen.

**Für die Präsentierung auf einer Ausstellung müssen die Tiere gut vorbereitet sein, damit sie nicht in Panik geraten.**

# Pfiffige Spielideen

**Meerschweinchen sind keineswegs langweilige Tiere. Man muß ihre Fähigkeiten nur genügend trainieren.**

Meerschweinchen sind in der Wildnis immer auf Trab, laufen und hüpfen, spielen und verstecken sich. Klar, daß sie auch im Zusammenleben mit dem Menschen nicht untätig sein möchten.

## Spielecke für Meerschweinchen

Meerschweinchen werden von dem, was sie in der freien Natur in Bewegung hält, als Heimtiere nicht gefordert. Ihre Eigenschaften liegen brach, wenn ihnen nichts zur Verfügung steht, was diese Betriebsamkeit zufriedenstellen würde. Schaffen Sie also eine Spielecke für Ihren kleinen Liebling. Mit verschieden großen Pappschachteln und stabilen Holzbausteinen können Sie eine »Landschaft« gestalten und sie durch Verstellen und anders Anordnen beziehungsweise durch Hinzufügen von neuen Sachen öfters verändern. So läßt sich alles immer wieder neu erkunden.

**Hinweis:** Zu zweit macht es auf jeden Fall mehr Spaß, auch mit einem anderen Tier, zum Beispiel einem Zwergkaninchen. Die Tiere motivieren sich gegenseitig. Vor allem die Springlust eines Jungtiers wirkt sehr ansteckend.

## Das Farbenspiel

Meerschweinchen können Farben unterscheiden. Das hat man mit Hilfe eines Versuchs herausgefunden, der einfach nachzuvollziehen ist.

Stellen Sie vier gleich geformte Plastiknäpfe in den Farben rot, gelb, grün und blau in jeweils 60 cm Entfernung voneinander auf. Kurz bevor das Spiel beginnt, wird nur der rote Napf mit Körnerfutter gefüllt, die anderen bleiben leer. Nun lassen Sie das möglichst hungrige Meerschweinchen vom anderen Ende des Raums auf die Näpfe zulaufen. Sobald es den gefüllten Napf ausgekundschaftet hat, tragen Sie das Tier zurück an die Ausgangsstelle und lassen es erneut suchen. Irgendwann hat es begriffen, um was es geht. Es wird zielstrebig auf den roten Napf zusteuern und sich auch nicht beirren lassen, selbst wenn Sie diesen auf einen anderen Platz stellen.

## Flötentöne

Auch auf Klänge reagieren Meerschweinchen. Laute Töne erschrecken sie allerdings, deswegen sollten Sie es mit einem zarten Instrument versuchen, zum Beispiel mit einer Blockflöte oder einem Glöck-

chen. Spielen Sie Ihrem Tier immer eine kleine Melodie vor, wenn Sie ihm das Futter hinstellen. Nach einer Weile wird das Meerschweinchen nur beim Erklingen der Melodie geschäftig herbeilaufen. Oder Sie lassen das Tier Männchen machen, um an einen Leckerbissen zu kommen, und läuten dabei ein Glöckchen. Schon nach kurzer Zeit beginnt es zu quieken, wenn es klingelt, ohne daß es dafür eine Belohnung bekommt. Zwingen sollten Sie es jedoch zu nichts. Ob man ein Meerschweinchen allerdings dazu bringen kann, auf den Hinterbeinen zu tanzen, ist mir nicht bekannt.

**Hinweis:** Im Zusammenhang mit Futter ist die Lernfreude von Meerschweinchen am größten. Allzu großzügig sollten Sie mit der Verteilung von Leckerbissen aber nicht umgehen, selbst wenn Sie es noch so rührend finden, wie eifrig sich das Tier darum bemüht.

### Hindernisrennen

Wenn Sie sich die ursprüngliche Lebensweise von Meerschweinchen vor Augen halten, ist es sehr einleuchtend, sie zum Laufen und Springen zu animieren. Stellen Sie den Käfig in die Mitte des Zimmers und simulieren Sie darum herum das Wegenetz mit Hilfe von Legosteinen, Bauklötzchen, Pappschachteln und -röhren und anderem. Mit mehreren Meerschweinchen lassen sich dann kleine Wettrennen veranstalten. Wer ist der erste an der Mohrrübe? Eine gewisse Stabilität muß das Ganze aber haben, sonst rennen die Tiere in der Hast die Hindernisse einfach um. Gestalten Sie die Wege zum Beispiel so, daß sie nicht darüber hinwegsehen können, sondern wirklich der Nase nach gehen müssen.

Wenn Sie nun die Futterhappen geschickt verteilen, lassen sich Meerschweinchen zu einer ganzen Menge bewegen: eine Leiter hochsteigen, über ein Brett balancieren, durch eine

**Fast alles aus der Spielzeugkiste können Kinder für das Bewegungstraining des Vierbeiners verwenden.**

**Selbst ein schmaler Steg stellt kein Hindernis dar, um an die Mohrrübe zu gelangen. Nur stabil muß er sein.**

Röhre kriechen, in ein Papphäuschen schlüpfen und auf der anderen Seite durch ein Fensterchen wieder hinausklettern und vieles mehr.
**Hinweis:** Ordnen Sie das Labyrinth hin und wieder anders an, damit das Meerschweinchen Gelegenheit bekommt, alles neu auszukundschaften. Stehen die Sachen zu lange an derselben Stelle, wird es langweilig.

## Sport im Käfig

Es braucht nur wenig, um die Meerschweinchen auch im Käfig zu einigen »figurfreundlichen Turnübungen« zu veranlassen. Probieren Sie es einmal mit diesen Mitteln.

- Stellen Sie das Schlafhäuschen auf eine Plattform und lassen Sie das Meerschweinchen über einen Steg dorthin gelangen. Oder Sie plazieren einen Stein so davor, daß es darüberklettern muß.
- Trennen Sie den Futterplatz vom Schlafplatz mit einem Holzbrett, in das ein Loch geschnitten ist. Nun muß das Meerschweinchen immer hindurchklettern, um von einem zum anderen zu gelangen.
- Wenn Sie den Futterplatz mit Ästen und Steinen versperren, erzielen Sie denselben Effekt. Es versteht sich von selbst, daß so ein Hindernislauf nicht zur Tierquälerei ausarten darf.

# Haltungsprobleme richtig lösen

## Teppich- und Tapetenfressen

Ihr Meerschweinchen ist während des Freilaufs in der Wohnung ständig auf Entdeckungsreisen. Dabei nagt es leider auch an Dingen, an denen es das nicht soll, zum Beispiel am Teppich, an der Tapete, an Büchern und Zeitschriften, überhaupt sehr gern an Papier. Abgewöhnen kann man ihm das kaum. Schließlich folgt es seinem natürlichen Nagetrieb, der ja für das Abwetzen der Zähne ganz wichtig ist (→ Seite 59). So läuft es letztlich darauf hinaus, daß Sie so weit wie möglich auf seine Bedürfnisse eingehen, damit es unterläßt, was Sie nicht wollen. Und das können Sie tun:

- Lassen Sie nichts Papierartiges in Reichweite des Tiers herumliegen.
- Beaufsichtigen Sie es beim Freilauf, und verjagen Sie es mit Händeklatschen, wenn es sich der bestimmten Stelle an der Tapete nähert.
- Erwischen Sie es beim Tapeten- oder Teppichnagen, setzen Sie es zurück in den Käfig, sozusagen zur Strafe. Vielleicht merkt es sich mit der Zeit den Zusammenhang.
- Bieten Sie ihm zum Nagen trockenes Brot oder Äste an. Vielleicht hat es nur aus Langeweile genagt.
- Hilfreich ist es auch, vor die bevorzugten Nagestellen Möbelstücke zu rücken.

**Hinweis:** Stromkabel dürfen beim Auslauf nicht herumliegen oder in irgendeiner Weise erreichbar sein. Das könnte tödliche Folgen haben (→ Gefahren für das Meerschweinchen, Seite 52).

## Gitternagen

Es kommt vor, daß sich das Meerschweinchen trotz genügend anderer Nagemöglichkeiten an den Gitterstäben des Käfigs vergreift. Dieses Verhalten kann viele Ursachen haben.

- Das Meerschweinchen ist sehr lebhaft und will hinaus, um die Gegend zu erkunden.
- Es sitzt allein im Käfig und möchte zu seinem Spielkameraden, der draußen sein darf.
- Ein Männchen sitzt im Käfig und möchte hinaus, weil es ein Weibchen wittert.
- Zwei Männchen sitzen in getrennten Käfigen nebeneinander, und weil sich jedes mit dem Rivalen messen will, beginnen sie sozusagen mit dem Zähnewetzen.
- Das Meerschweinchen ist hungrig und kann die Fütterungszeit kaum erwarten.

Was dagegen zu tun ist:

- Die Gitterstäbe mit Essig einreiben. Der Geschmack ist dem Meerschweinchen zuwider. Wenn es bei dem Ihrigen nicht klappen sollte, müssen Sie es mit einem anderen Geschmack versuchen.
- Statt des Gitters können Sie auch problemlos ein Kunststoffoberteil verwenden (→ Ein Käfig zum Sichwohlfühlen, Seite 44).

## Auf dem Trinkröhrchen herumkauen

Manche Meerschweinchen legen ein geradezu rüpelhaftes Benehmen an den Tag. Sie zerren an der Nippeltränke und kauen solange auf dem Röhrchen herum, bis dieses kaputt ist. Abgewöhnen können Sie ihnen diese Unart kaum.

Und weil Sie sicher nicht immer wieder eine neue Trinkflasche kaufen wollen, müssen Sie so einem Tier das Trinkwasser jeden Tag frisch im Napf reichen.

## In Panik geraten

Manche Meerschweinchen verfallen in regelrechte Panik, wenn man den Käfig aufmacht und sie herausnehmen möchte. Diese Reaktion ergibt sich aus der Tatsache, daß diese kleinen Tiere, wehrlos wie sie sind, ihr Heil nur in der Flucht suchen können (→ Seite 93). Tauchen Sie nun unvermutet vor dem Käfig auf, und greifen Sie gar mit der Hand hinein, verbindet sich das für ein Meerschweinchen mit dem instinktiven Gefühl »Gefahr von oben: Raubvogel«. Da Flucht aber in dem kleinen Käfig nicht in gewohnter Weise möglich ist, reagiert das Tier panisch. Vermeiden Sie also folgendes:

- Stellen Sie den Käfig nicht auf den Boden, sondern auf einen erhöhten Platz, zum Beispiel einen soliden Tisch. Dann wirken Sie nicht riesengroß und somit bedrohlich.
- Schleichen Sie sich nicht an den Käfig heran, sondern reden Sie schon vorher beruhigend auf das Tier ein.
- Reißen Sie die Käfigtür nicht auf, sondern öffnen Sie sie behutsam. Greifen Sie langsam mit der Hand hinein, und nehmen Sie das Meerschweinchen heraus, indem Sie es von vorne unter dem Bauch greifen. Locken Sie es mit einem Leckerbissen.
- Stören Sie das Tier nie beim Schlafen oder während des Fressens. Auch das trägt zur Schreckhaftigkeit bei.

**Hinweis:** Machen Sie das Tier so handzahm, wie ich es auf Seite 100 beschrieben habe, dann ist es an Sie gewöhnt und braucht keine Angst mehr zu haben. Leider gibt es auch unverbesserliche Angsthasen, die nie richtig zahm werden.

## Kotkügelchen fressen

Kotkügelchen fressen ist nicht etwa eine Verhaltensstörung, wie Sie vielleicht ein wenig angeekelt denken mögen. Vielmehr ist das Fressen von Blinddarmkot, um den es sich dabei handelt, eine lebensnotwendige Verhaltensweise. Meerschweinchen, wie

**Der Blumenkasten aus Ton ist ein hervorragender Unterschlupf.**

übrigens auch Kaninchen, bilden in ihrem Blinddarm die Vitamine des B-Komplexes. Indem sie diesen Kot, der heller und weicher ist als die normalen Kotpillen, fressen, versorgen sie sich damit sozusagen in Eigenproduktion. Jungtiere, die den Blinddarmkot offensichtlich noch nicht selbst produzieren können, nehmen ihn bereits kurz nach ihrer Geburt von ihrer Mutter auf (→ Seite 86).

## Zeitungsunterlage anknabbern

Meist fressen Meerschweinchen die Zeitungsunterlage unter der Einstreu nur an, wenn nicht genügend Heu oder Stroh zum Knabbern da ist. Auch mit anderen ungiftigen Materialien, zum Beispiel Toiletten- und Küchenrollen oder leeren Blättern kann das Nagebedürfnis der Tiere gestillt werden. Hilft das nicht, können Sie anstelle der Zeitung Katzenstreu unter die Einstreu geben. Wenn Sie den Käfig oft genug reinigen und auswaschen, ist es normalerweise nicht notwendig, Zeitung als Unterlage unter der Einstreu zu benützen.

## Fell benagen

Sie haben zwei Langhaar-Meerschweinchen und müssen nun feststellen, daß das eine an den Haaren des anderen knabbert und ihm bereits richtige Löcher ins Fell gefressen hat. Das ist zwar nicht schädlich, sieht aber sehr unschön aus. Diese Unart, sich gegenseitig sozusagen an die Wäsche zu gehen, kann mehrere Ursachen haben.

■ Oft entsteht sie aus Langeweile. Man kann sie bei vielen Tieren beobachten, die in Käfigen gehalten werden. Bekannt dafür sind die armen Legebatterie-Hühner, die sich alle Federn auspicken. Sorgen Sie für eine abwechslungsreiche Käfigeinrichtung, mehr Auslauf und viel Zuwendung.

■ Manchmal haben die Tiere zu wenig zu knabbern. Stellen Sie ihnen immer genügend Heu und hartes Brot oder Äste zur Verfügung.

■ Meist tritt diese Unart in den Wintermonaten auf, in welchen die Tiere weniger frisches Futter bekommen. Wenn auch ein direkter Zusammenhang nicht nachweisbar ist, sollten Sie diesem Mangel entgegenwirken.

■ Manche Langhaar-Meerschweinchen sind verhaltensgestört, und dann kann man nichts dagegen machen.

**Hinweis:** Wenn sich Ihr Meerschweinchen von dieser »Liebhaberei« nun gar nicht abbringen läßt, was leider vorkommt, müssen Sie es einzeln halten oder mit einem kurzhaarigen Tier zusammentun. Bei dessen »Frisur« kann es keinen Schaden anrichten.

## Übermäßiges Trinken

Wenn ein Meerschweinchen übermäßig viel trinkt, kann das mehrere Gründe haben.

■ Es ist krank und hat vielleicht Fieber. Dem sollten Sie schleunigst auf den Grund gehen.

■ Das Tier hat lange Zeit kein Grünfutter mehr bekommen. Geben Sie Obst und Salat oder sammeln Sie frische Pflanzen.

■ Das Tier trinkt aus Langeweile. Ist das erwiesenermaßen der Grund, sollten Sie die Flasche aus dem Käfig nehmen und nur kurz zu bestimmten Zeiten wieder hineinhängen.

## Einzelgängerisches Verhalten

Hin und wieder gibt es auch Meerschweinchen, die sich von ihren Artgenossen absondern. Meist wurden diese Tiere schon sehr früh von ihrer Mutter getrennt und immer allein gehalten. Dadurch fehlt ihnen die Bindung an die Gruppe, so daß sie sich nur sehr schwer oder nie mehr einem der ihrigen anschließen können. Allenfalls entwickeln sie eine große Anhänglichkeit an ihren menschlichen Partner und folgen ihm beim Freilauf auf Schritt und Tritt. Man tut gut daran, so ein Meerschweinchen weiterhin nur einzeln zu halten. Oder Sie versuchen es mit einem Zwergkaninchen als Partner. Diese Tierfreundschaft klappt in der Regel recht gut (→ Seite 19).

**Hinweis:** Zwei Männchen, die sich nicht vertragen, kann man nicht als Einzelgänger bezeichnen. Sie verhalten sich artgemäß und führen Kämpfe um ihren Platz und Rang im Rudel.

## Rangordnung nach der Kastration

Sie halten drei Weibchen und sind unvermutet in den Besitz eines Männchens gekommen. Da Sie an Nachwuchs nicht interessiert sind, lassen Sie es kastrieren. Danach kann es vorkommen, daß das Männchen ängstlich und scheu ist, von den Weibchen gebissen wird und im Käfig nicht der Boß ist.

Dies liegt möglicherweise daran, daß er erst später zu den Weibchen in den Käfig gesetzt wurde und diese nun ihre älteren Ansprüche verteidigen. Das Blatt kann sich allerdings sehr schnell wenden, sobald das Männchen ausgewachsen und den Weibchen an Größe und Gewicht überlegen ist.

Falls das nicht eintritt, können Sie auch versuchen, sein Selbstbewußtsein zu stärken. Setzen Sie das Männchen in einen separaten Käfig und gesellen Sie ihm ein junges Meerschweinchen dazu. Von einem Kleinen läßt sich der Ältere sicherlich nicht dominieren.

Kümmern Sie sich im übrigen intensiv um ihn, das heißt, so oft wie möglich herausnehmen und streicheln sowie aus der Hand füttern.

Ein Meerschweinchen zum Liebhaben.

## Haltung von mehreren Weibchen

In der Regel verstehen sich mehrere weibliche Meerschweinchen sehr gut miteinander. Bei der Festlegung der Rangordnung, die es auch unter den Weibchen gibt (→ Seite 93), kommt es anfangs zu Streitereien oder kleineren Beißereien. Die legen sich jedoch meist rasch und ziehen auch nie ernsthafte Verletzungen nach sich.

■ Ist eines der Weibchen schon lange im Käfig, und ein zweites kommt neu hinzu, kann es schon mal zu ernsteren Beißereien kommen. Dann sollten Sie einschreiten und zum Beispiel ein zweites Schlafhäuschen anbieten. Gerade um das Haus entbrennt oft Streit, und wenn ein Weibchen dann draußen hocken muß, weil das andere sie nicht hineinläßt, ist das ganz schön frustrierend. Sitzt aber jedes in seinem eigenen Häuschen, ist dieser Streitpunkt schon mal aus der Welt geschafft. Voraussetzung bei allem ist natürlich, daß den Tieren ein ausreichend großer Käfig zur Verfügung steht (→ Seite 44).

■ Auf Nummer Sicher gehen Sie, wenn Sie die Meerschweinchen sozusagen auf fremdem Gebiet zusammensetzen. Dort geraten sie sich nicht in die Haare, da keines von ihnen Besitzansprüche an dieses Revier stellen kann. Nachdem sie sich aneinander gewöhnt haben, werden sie wieder in den alten Käfig zurückgesetzt. Eine andere Möglichkeit ist, die Meerschweinchen mit parfümierten Händen zu streicheln und so ihren Eigengeruch für eine Weile zu unterdrücken (→ Seite 102).

■ Probleme gibt es nur, wenn eines der Weibchen schon sehr lange allein gehalten wurde. Sie tun sich sehr schwer, sich wieder in eine Herde zu integrieren (→ Einzelgängerisches Verhalten, Seite 114). Am besten klappt es, wenn die Meerschweinchen noch sehr jung sind.

**Auch unter Meerschweinchen gibt es gelegentlich Einzelgänger.**

## Eifersüchteleien

Manchmal spielt ein Weibchen, das eine Totgeburt hatte, bei einer anderen werdenden Mutter sozusagen die Tante. Sie hilft bei der Geburt mit, leckt die Jungen trocken und versucht, diese zu »adoptieren«. Da sie aber meistens keine Milch hat, halten sich die Kinder lieber doch an ihre richtige Mutter. Der »schwelenden« Eifersucht beugt man vor, in-

dem man beide Weibchen immer wieder gleichzeitig streichelt und das Futter für jedes getrennt reicht.
Ob man Mutter und Tochter trennen muß, wenn eine von ihnen Junge bekommt, hängt davon ab, wie gut sich die beiden verstehen und wie groß der Käfig ist. Hatten die beiden schon vorher kleine Streitigkeiten, oder kann sich die werdende Mutter nicht in eine ruhige Käfigecke zurückziehen, sollte man das trächtige Weibchen einzeln setzen.
**Hinweis:** Sollte die Mutter Junge bekommen und die große Tochter versuchen, wieder bei ihr zu trinken, ist es besser, die beiden zu trennen, um die Mutter nicht zusätzlich zu schwächen.

## Von zwei Meerschweinchen stirbt eines

Meist trauert das zurückgebliebene Meerschweinchen sichtlich, sitzt nur in einer Käfigecke und frißt nicht mehr. Aber auch wenn es das Futter nicht verweigert, heißt das noch lange nicht, daß es zufrieden ist. In jedem Fall ist es besser, ihm wieder einen Partner zu geben.
Ohne Zweifel akzeptieren wird es ein junges Meerschweinchen im Alter von sechs bis zehn Wochen. Gehen Sie bei der Eingewöhnung behutsam vor und lassen Sie die beiden, wie auf Seite 101 beschrieben, Kontakt aufnehmen.
**Hinweis:** Selbst den verlorenen Partner ersetzen zu wollen ist vermessen, auch wenn Sie sich den ganzen Tag um das Tier kümmern.

## Einfangen von entlaufenen Meerschweinchen

■ Versuchen Sie nicht, hinter dem Meerschweinchen herzulaufen. Es ist flinker und wendiger, als Sie denken.
■ Stellen Sie lieber den Käfig, gefüllt mit viel Stroh, an einer zentralen Stelle im Garten auf. Vielleicht marschiert das Meerschweinchen von selber hinein. Wenn Sie mit einer Tüte rascheln oder einen Leckerbissen in den Käfig legen, dauert es weniger lang.
■ Wenn Sie mehrere Tiere haben, ist das Einfangen am leichtesten. Das entlaufene Tier versucht garantiert, wieder zu den anderen Meerschweinchen zu gelangen. Vor allem ein Männchen möchte zu seinen Weibchen zurück.
**Hinweis:** Das Tier mit einem Netz zu fangen wird nur gelingen, wenn man das Meerschweinchen gleich beim ersten Versuch erwischt. Hat man es verfehlt, wird es sich sofort verstecken und vorerst durch nichts mehr hervorzulocken sein.

## Umsetzung in einen neuen Käfig

Die Umsetzung eines einzelnen Meerschweinchens, aber auch einer Gruppe aneinander gewöhnter Tiere geschieht im Grunde reibungslos. Streß entsteht nur, wenn ein einzelnes Meerschweinchen zu mehreren neu hinzugesetzt wird und sich dort erst behaupten muß, oder wenn sich mehrere Meerschweinchen einen viel zu engen Käfig teilen. Ein wöchentliches Umsetzen beim Saubermachen oder für den Transport schadet hingegen nicht.

# Mein Meerschweinchen

Hier ist Platz für das Lieblingsfoto.

Name

Geboren am

Züchter

Gekauft am

Geschlecht

Rasse

Farbe

Gewicht am

Besondere Merkmale

Lieblingsfutter

Typisch mein Meerschweinchen

Tierarzt, Name, Adresse

Die **halbfett** gesetzten Seitenzahlen verweisen auf Farbfotos und Zeichnungen.

**Keine Verrenkung wird gescheut, um an den begehrten Apfel heranzukommen.**

**Solch ein Holzleiterchen klettern Meerschweinchen mühelos hinauf. Machen sie das mehrmals am Tag, ist für genügend Bewegung gesorgt.**

**Adressen, die weiterhelfen**

Meerschweinchenfreunde Deutschland (MFD) Bundesverband Deutschland e.V.,
Geschäftsstelle:
Postfach 10 11 29,
D-63011 Offenbach

Meerschweinchenfreunde in Österreich e.V. (MFiÖ),
Ursula Marx,
Schulstr. 69/8,
A-2103 Langenzersdorf

Vereinigung der Schweizer Meerschweinchenfreunde,
Isabelle Strebel,
Ziegelscheune 496,
CH-4245 Kleinlützel

Kantonaler Cavia Verein Solothurn,
Trudi Binz,
Sandackerstr. 6,
CH-4573 Lohn-Ammannsegg

Die genannten Vereine können Ihnen Adressen von Meerschweinchen-Züchtern in Ihrer Nähe nennen. Bitte legen Sie bei schriftlichen An-fragen stets einen frankierten Rückumschlag bei.

**Fragen zur Meerschweinchenhaltung beantworten auch**

Ihr Zoofachhändler und der Zentralverband Zoologischer Fachbetriebe Deutschlands e.V., 63225 Langen, Tel. 06103/ 910732 (nur telefonische Auskunft möglich)

**Bücher, die weiterhelfen**

(falls nicht im Buchhandel, dann in Bibliotheken erhältlich)


Behrend, K.: *Meerschweinchen*. Gräfe und Unzer Verlag, München.

Birmelin, I.: *Mein Meerschweinchen und ich*. Gräfe und Unzer Verlag, München.

Day, Chr.: *Homöopathischer Ratgeber Heimtiere*. BLV Verlag, München.

Gabrisch, K.; Zwart, P.: *Krankheiten der Heimtiere*. Schlütersche Verlagsanstalt, Hannover.

Hamel, I.: *Das Meerschweinchen, Heimtier und Patient*. Gustav Fischer Verlag, Jena.

Isenbügel, E.; Frank, W.: *Heimtierkrankheiten*. Eugen Ulmer Verlag, Stuttgart.

Leibenguth, F.: *Züchtungsgenetik*. Georg Thieme Verlag, Stuttgart.

*Die wichtigsten Fragen über Meerschweinchen*. Eine Broschüre des Vereins Meerschweinchenfreunde Deutschland e.V., Offenbach.


**Zeitschriften, die weiterhelfen**

*Meerschweinchen-News*. Herausgeber: Meerschweinchenfreunde Deutschland (MFD) Bundesverband Deutschland e.V., Postfach 10 11 29, D-63011 Offenbach.

*Hamster & Co*. Branchen-Fachverlag Ulrich, Häuserweg 2-4, D-36211 Alheim.

*Ein Herz für Tiere*. Gong Verlag, Nordendstr. 64, D-80801 München.

**Futterneid gibt es bei den sozialen Meerschweinchen nicht. Alles wird »brüderlich« geteilt.**

## Dank

Autorin und Verlag danken dem Verein Meerschweinchenfreunde Deutschland e.V. für die freundliche Unterstützung und die vielen nützlichen Informationen, die aus den Beiträgen in der Vereinszeitschrift »Meerschweinchen-News« zu entnehmen waren, dem Tierarzt Dr. Peter Hollmann für die fundierten Ratschläge zum Kapitel »Gesundheitsvorsorge und Krankheiten« und dem Rechtsanwalt Reinhard Hahn für den Beitrag »Rechtsfragen zur Haltung von Meerschweinchen«. Die Fotografin dankt Frau Gaby Maric und Frau Birgit Nasra dafür, daß sie ihre wunderschönen Meerschweinchen als »Modelle« für die Fotos zur Verfügung gestellt haben.

## Die Fotos auf dem Buchumschlag:

Umschlagvorderseite: Langhaar (großes Foto) und English Crested Satin, Einfarbig Creme (kleines Foto). Umschlagrückseite: Normalhaar Gold-Aguti, Rot-Weiß (Freisteller); Satin (Foto oben); Sheltie und Holland Angora (Foto Mitte); Glatthaar, Dalmatiner (Foto unten).

## Die Autorin

Katrin Behrend, Journalistin, Tierbuch-Redakteurin, lebt in München und Italien. Das Thema Meerschweinchen ist eines ihrer Spezialgebiete im Heimtierbereich.

## Die Fotografin

Die Fotos in diesem Buch stammen von Karin Skogstad, mit Ausnahme von:
Angermayer: Seite 8, 10;
Angermayer, Ziesler:
Seite 13, 16;
Okapia/NAS/T. McHugh :
Seite 9.
Karin Skogstad arbeitet seit 1979 als freie Journalistin und Fotografin. Ihre Spezialgebiete sind Tiere und Pflanzen.

## Die Zeichnerin

Renate Holzner arbeitet als freie Illustratorin. Ihr breites Repertoire reicht von Strichzeichnungen über fotorealistische Illustrationen bis hin zur Computergrafik.

## Impressum


Unveränderte Nachauflage der 4. Auflage.


Redaktion: Gabriele Linke-Grün, Anita Zellner
Umschlaggestaltung und Layout: Heinz Kraxenberger
Zeichnungen: Renate Holzner
Herstellung: Heide Blut/Verena Römer
Satz: Heide Blut
Reproduktion: Penta Repro
Druck und Bindung: Appl

ISBN 3-7742-5096-0

| Auflage | 4. | 3. | 2. | 1. |
|---|---|---|---|---|
| Jahr | 03 | 02 | 01 | 2000 |

## Wichtige Hinweise

Einige Krankheiten sind auf den Menschen übertragbar (→ Seite 74). Zeigen sich bei Ihrem Meerschweinchen Krankheitsanzeichen (→ Seite 77), sollten Sie unbedingt einen Tierarzt zu Rate ziehen. Gehen Sie im Zweifelsfall selbst zum Arzt. Es gibt Menschen, die allergisch auf Tierhaare reagieren. Wenn Sie sich nicht sicher sind, fragen Sie vor der Anschaffung Ihren Tierarzt.

## Meerschweinchen-Ratespiel (hintere Buchklappe) Auflösung

1a (→ *Knabberkost, Seite 66, und Foto, Seite 49)*

2b (→ *Die Entwicklung der Jungen, Foto, Seite 83)*

3a (→ *Neugeboren und schon selbständig, Seite 85, und Foto, Seite 87)*

4a (→ *Gemeinschaft mit anderen Heimtieren, Seite 19, und Foto, Seite 29)*

5a (→ *Sinnesleistungen, Seite 97, und Foto, Seite 94)*

6a (→ *Krallenabwetzstein, Seite 47, und Foto, Seite 45)*

7b (→ *Körpersprache, Seite 96, und Foto, Seite 84)*

8b (→ *Besonderheiten in der Anatomie, Seite 91, und Foto, Seite 62)*

9a (→ *Körpersprache, Seite 96, und Foto, Seite 89)*

# Das Meerschweinchen-Ratespiel

*Hier kannst du testen, was du schon alles über deinen kleinen Liebling weißt. Kreuze bei jedem Bild die richtige Antwort an. Die Auflösung findest du im Buch auf der Seite 127.*

*Hindernisse überwinden – wenn es um das Fressen geht.*

**1**
- ☐ *a) Holz braucht das Tier zum Nagen.*
- ☐ *b) Holz braucht es zum Klettern.*

**2**
- ☐ *a) Das eine Tier entfernt dem anderen die Flöhe aus dem Fell.*
- ☐ *b) Die Meerschweinchen kuscheln sich aneinander.*